Andrea Coppola

BLENDER
La guida definitiva

VOLUME 4

ISBN: 978-1-326-51057-2

Blender High School è su:
www.blenderhighschool.it
Facebook: Blenderhighschoolroma
www.lulu.com

Sommario

I

x

1

INTRODUZIONE

1.1. Funzionalità avanzate

Bentrovati!

Questo quarto volume è l'ultimo di un'opera assai complessa che ha richiesto un grande dispendio di energie, studio costante, ricerca e tanto tempo e che, con orgoglio, possiamo dire di averci lasciato soddisfatti.

Potevamo fare di più, si dice sempre, ma in quasi 2000 pagine (ci riferiamo al formato pdf e cartaceo), crediamo di aver coperto ampiamente il 90% delle funzionalità di Blender.

Abbiamo volutamente escluso dalla trattazione due argomenti, estremamente, vasti, di cui ci proponiamo la valutazione di una stesura futura.

Ci riferiamo all'ambiente *Blender Game Engine*, fondamentale per la creazione di *videogame* e ambientazioni interattive, e allo *Scripting* in linguaggio *Python*. Questi due argomenti sono così vasti che richiedono una conoscenza molto approfondita della programmazione e pubblicazioni specifiche a parte.

In questo ultimo volume, non per questo meno interessante e accattivante, si tratterà principalmente di animazione degli oggetti nell'ambiente e al *rigging* degli stessi, quella funzionalità che consente la messa in posa e la *"recitazione"* dinamica di oggetti e *character*.

Parleremo inoltre di *Motion Tracking*, in cui impareremo a fare interagire gli oggetti modellati in Blender con immagini e filmati reali, ed entreremo nell'ambiente artistico *Sculpting*, dove le *mesh* possono essere scolpite e modellate, con *brush* dedicati, come fossero di plastilina.

3

Per concludere, faremo una breve panoramica su alcuni tra gli Addons più interessanti, interni o di terze parti, assai utili e, a volte, indispensabili nella computer grafica con Blender.

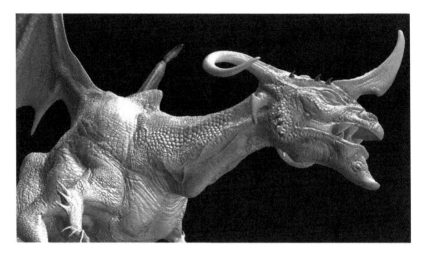

fig. 1 lo *Sculpt Mode* consente di realizzare modelli dettagliatissimi, simili a sculture

1.2. Text Editor

Prima di addentrarci negli appassionanti argomenti oggetto di questo volume, è debita una breve trattazione di una finestra poco nota e poco usata, detta *Text Editor*.

Questa finestra, la cui icona rappresenta un foglio scritto, è spesso utilizzata dai programmatori, come interfaccia interna per realizzare *scripting*, righe di comando utili per generare funzioni specifiche o, addirittura, *addons*.

Come già accennato, in quest'opera **l'argomento scripting non verrà analizzato**, ma, per chi è già avvezzo o interessato alla programmazione, è d'obbligo segnalare questo *editor*, facendo una panoramica tra dei menu disponibili.

Tra l'altro, questo *editor* può essere utilizzato anche come un blocco note, in cui prendere appunti in merito al progetto in corso.

Questa finestra è composta da un'area di testo in cui è possibile scrivere all'interno come in un qualsiasi *editor* di testo; e di una *header*, dalla quale, grazie ai menu, richiamare alcune funzioni ad esso legate.

fig. 2 il *Text Editor* con una nuova area di *script* attivata

All'apertura della finestra il campo di testo non è ancora attivo. Questo perché, nell'*header* è necessario caricare uno *script* esistente (cliccando su *Open*) o crearne uno nuovo cliccando su *New*).

I menu disponibili in questa fase sono tre: *View*, *text* e *Templates*, oltre a tre pulsanti che consentono la formattazione della sintassi base degli *script*.

fig. 3 la *header* del *Text Editor* vuoto

Nel menu *View* sono disponibili i comandi analoghi ad altre finestre che consentono la gestione della visualizzazione dell'intera finestra.

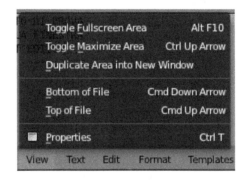

fig. 4 il menu *View*

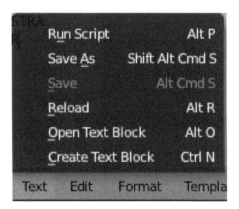

fig. 5 il menu *Text*

6

Nel menu *Text* sono disponibili i comandi relativi alla compilazione del testo e delle righe dei comandi (*Run Script*, ALT + P), il salvataggio (*Save* e *Save As*), al ricaricamento delle righe dei comandi dopo una modifica (*Reload*, ALT + R), all'apertura di un testo salvato (*Open Text Block*, ALT + O), o alla al salvataggio dello *script* come un blocco di testo (*Create Text Block*, CTRL + N).

fig. 6 il menu *Templates*

Nel menu *Templates* è possibile aprire degli specifici e predefiniti *Shader Data Block* (*Open Shading* Language) o *Text Data Block* (*Python*) in linguaggio di programmazione *Python*.

```
2 shader noise(
3     float Time = 1.0,
4     point Point = P,
5     output float Cell = 0.0,
6     output color Perlin = 0.8,
7     output color UPerlin = 0.8,
8     output color Simplex = 0.8,
9     output color USimplex = 0.8)
10 {
11     /* Cell Noise */
12     Cell = noise("cell", Point);
13
14     /* Perlin 4D Noise */
15     Perlin = noise("perlin", Point, Time);
16
17     /* UPerlin 4D Noise */
18     UPerlin = noise("uperlin", Point, Time);
19
20     /* Simplex 4D Noise */
21     Simplex = noise("simplex", Point, Time);
22
23     /* USimplex 4D Noise */
24     USimplex = noise("usimplex", Point, Time);
25
26 }
27
28
```

View   Text   Edit   Format   Templates   noise.osl   Script Node Update   Text: Internal

fig. 7 uno *script* predefinito caricato dallo *Shader Data Block* denominato *Noise*

7

Ogni riga di comando è definita da un numero alla sinistra (in rosso, quando attiva la riga) e un testo. Il cursore rosso verticale definisce la posizione in cui inserire un testo.

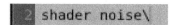

fig. 8 riga di comando n. 2

I tre pulsanti alla destra del pulsante *Open* definiscono, da sinistra verso destra:

fig. 9 il pulsanti sulla sintassi degli *script*

- la visualizzazione del numero di riga in una colonna alla sinistra delle righe dello *script*;

- la possibilità di mandare a capo le righe di comando più lunghe dello spazio orizzontale del campo di testo;

- la visualizzazione in formato *highlight* dello *script* in modo che questo venga suddiviso visivamente in blocchi colorati.

```
1  shader noise\
3      float Time = 1.0,
4      point Point = P,
5      output float Cell = 0.0,
6      output color Perlin = 0.8,
7      output color UPerlin = 0.8,
8      output color Simplex = 0.8,
9      output color USimplex = 0.8)
10 {
11     /* Cell Noise */
12     Cell = noise("cell", Point);
13
14     /* Perlin 4D Noise */
15     Perlin = noise("perlin", Point, Time);
16
17     /* UPerlin 4D Noise */
18     UPerlin = noise("uperlin", Point, Time);
19
20     /* Simplex 4D Noise */
21     Simplex = noise("simplex", Point, Time);
22
23     /* USimplex 4D Noise */
24     USimplex = noise("usimplex", Point, Time);
```

fig. 10 formato di *scripting highlight*

8

Al caricamento di uno *script* o alla creazione di uno nuovo, si attivano ulteriori due menu alcuni comandi.

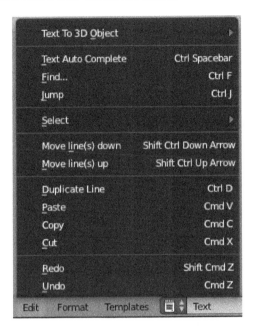

fig. 11 il menu *Edit*

Il menu *Edit* dispone delle voci legate alla modifica del testo.

- *Text to 3D Object* apre un sottomenu di due voci in cui la prima (*One* Object) consente di trasformare tutto il testo in un unico oggetto 3D; mentre la seconda (*One Object Per Line*) di trasformare ogni riga di testo in un oggetto 3D.

- *Text Autocomplete* è un correttore automatico utile per il completamento automatico del testo durante la stesura;

- *Find* (CTRL + F) consente di trovare una o più parole (o comandi) nel testo, nella casella di testo della *Sidebar* (vedi in seguito) del *text Editor*;

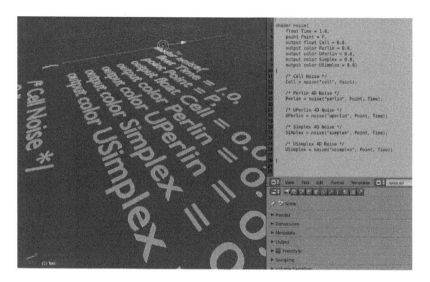

fig. 12 *text To 3D Object*

- *Jump* (CTRL + J) serve a posizionare il cursore sulla specifica riga di comando definita nella finestra *Jump*;

fig. 13 la finestra *Hump*

- *Move Line(s) Down* e *Move Line(s) Up* consentono di spostare la riga o le righe di comando selezionata/e, rispettivamente sotto o sopra la riga che precede o che anticipa;

- *Duplicate Line* (D), *Paste* (CTRL + V), *Copy* (CTRL + C) e *Cut* (CTRL + X) servono a duplicare, incollare, copiare o eliminare una o più righe di comando selezionate;

- *Undo* (CTRL + U) e *Redo* (SHIFT + CTRL + U) annullano o ripetono l'ultimo comando assegnato.

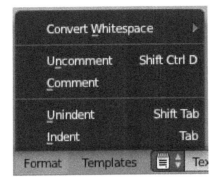

fig. 14 il menu *Format*

La selezione di un testo avviene per trascinamento del mouse lungo la riga o le righe di comando tenendo premuto LMB. Il testo selezionato viene evidenziato in rosa.

```
1
2  shader noise(
3      float Time = 1.0,
4      point Point = P,
5      output float Cell = 0.0,
```

fig. 15 selezione del testo

Nel menu *Format* si dispone dei seguenti comandi:

- il menu *Convert Whitespace* definisce come formattare gli spazi bianchi del testo selezionati;

- *Uncomment* (SHIFT + CTRL + D) e *Comment* definiscono la riga selezionata rispettivamente come testo integrande dello *script* o come nota (in questo caso viene aggiunto un cancelletto # all'inizio della riga di comando). Una nota non viene considerata come parte integrante 8quindi come comando) dello *script*.

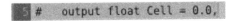

fig. 16 la riga di testo selezionata è una nota (#)

11

- *Unident* (SHIFT + TAB) e *Ident* (TAB) rispettivamente riformatta o sposta le righe di comando selezionate di una tabulatura verso destra.

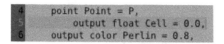

fig. 17 tabulazione (*Ident*) della riga di comando selezionata

fig. 18 il pulsante *Run Script*, e la spunta *Register*

Di seguito, il pulsante *Run Script*, richiamabile anche con ALT + P o dal menu *Text*, serve per lanciare lo *script* caricato. Una volta modificato un testo il pulsante cambia nome in *Script Node Update*.

fig. 19 il pulsante *Script Node Update*

Spuntando *Register* è possibile registrare il testo come modulo, di formato *.py.

I comandi di cui sopra vengono riproposti anche nella *Sidebar* del *Text Editor*, divisa nei pannelli *Properties* e *Find*.

La *sidebar* è attivabile o disattivabile trascinando il margine sinistro dell'*editor* verso destra e dimensionandola a piacimento.

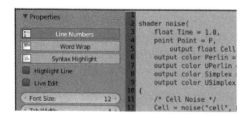

fig. 20 apertura e dimensionamento della *Sidebar*

12

- *Duplicate Area into New Window* che duplica la *Timeline* con un clone esatto;

- *Bind Camera To Markers* (CTRL + B) che fissa la camera sui marcatori attivi;

- *Cache* che mostra la *cache* delle diverse fisiche applicate ad un oggetto;

- *Only Keyframes to Selected Objects* che, se spuntato, mostra esclusivamente i *keyframes* relativi all'oggetto selezionato;

- *Show Frame Number Indicator* che indica in un riquadro verde in basso a destra del cursore di scorrimento del tempo del tempo il numero del fotogramma in cui si trova;

- *View All* che massimizza tutti i fotogrammi dell'intera animazione nello spazio orizzontale della *Timeline*;

- *Lock Time to Other Windows* permette di sincronizzare il tempo di tutte le finestre relative al tempo che hanno questo tipo di opzione;

- *Show Seconds* che mostra i secondi invece dei fotogrammi (*frames*). Se spuntata questa opzione, l'opzione *Show Frame Number Indicator* mostra i secondi trascorsi sul cursore di scorrimento.

Il menu *Marker* raccoglie le opzioni riferite ai *marker* inseriti nell'animazione. Ricordiamo che un *marker* non è un *keyframe*, ma solo un effetto visivo che si inserisce digitando M. Il menu contiene le seguenti opzioni:

- *Jump to Previous Marker* salta immediatamente alla posizione (*frame*) del *marker* precedente a quello selezionato;

19

- *Jump to Next Marker* salta alla posizione (*frame*) del *marker* successivo;

- *Grab/Move Marker* permette di traslare e spostare il *marker* selezionato. Equivale al trascinamento con il mouse;

- *Rename Marker* permette di dare un nome o rinominare un *marker* per avere subito chiaro sulla *Timeline* o sulle altre finestre connesse il tipo di evento che inizia in quel fotogramma. Selezionato il *marker* è possibile anche digitare CTRL + M per eseguire la stessa operazione;

- *Delete Marker* (X) cancella il *marker* selezionato;

- *Duplicate Marker To Scene* permette di copiare il *marker* selezionato in un'altra scena;

- *Duplicate Marker* duplica il *marker* selezionato nella stessa scena;

- *Add Marker* (M) aggiunge un nuovo *marker*.

Il menu *Frame* contiene le opzioni relative ai fotogrammi:

- *Auto-Keyframing Mode* controlla la metodologia di inserimento automatico dei *keyframes*, ossia: *Add&Replace* oppure *Replace*.

- Set Start Frame (tasto S) imposta il fotogramma su cui è posizionato il cursore come inizio dell'animazione;

- Set End Frame (tasto E) imposta il fotogramma su cui è posizionato il cursore come fine dell'animazione;

- Set Preview *Range* (tasto P) attiva una selezione ridotta dei fotogrammi nella *Timeline*, entro il quale *range* avverrà l'animazione in *preview*;

20

- Cleare Preview Range (ALT + P) pulisce la *Timeline* dalla selezione.

Nel menu *Playback*, infine:

- *Audio Scrubbing* permette l'ascolto dei canali audio durante il trascinamento manuale nella *Timeline*;

- *Audio Muted* disattiva l'audio dalla *Timeline*;

- *AV-Sync* sincronizza audio e video durante la riproduzione con l'orologio *audio clock*;

- *Frame Dopping* fa sì che la riproduzione faccia cadere i fotogrammi qualora risultino troppo lenti;

- *Clip Editor* aggiorna l'*editor Movie Clip* durante la riproduzione;

- *Node Editors* aggiorna i nodi nel *Node Editor* durante la riproduzione;

- *Sequencer Editor* aggiorna il *sequencer* durante la riproduzione;

- *Image Editors* aggiorna l'*Image Editor* durante la riproduzione;

- *Property Editors* aggiorna in tempo reale i valori degli *editor delle preferenze durante la riproduzione*;

- *Animation Editors* aggiorna *Timeline, Graph Editor* e *Video Sequencer Editor* durante la riproduzione;

- *All 3D View Editors* aggiorna *Timeline* e 3D View durante la riproduzione;

- *Top-Left 3D Editors* aggiorna la *Timeline* durante la riproduzione se *Animation Editors* e All Vista 3D Editors sono disattivate.

I due pulsanti *Range Control* definiscono:

- *Use Preview Range* consente di visualizzare animazioni con un *range* alternativo. Funziona per la riproduzione nell'interfaccia utente, ma non per il *rendering* di un'animazione.

- *Lock Time Cursor to Playback Range* limita il tempo nella gamma di riproduzione.

fig 24 i pulsanti del *Range Control*

Il menu a tendina *Sync Mode* definisce la modalità di sincronizzazione (*AV-Sync*; *Frame Dropping*; *No Sync*)

I pulsanti *Keyframe Control* gestiscono i *keyframe*, come vedremo fra pochi passaggi.

2.1.2. I *Keyframe*

Abbiamo già avuto modo di lavorare sui *keyframe*.

Essi attivano degli eventi e li registrano nella *Timeline*. Blender fa in modo che sia automatizzabile praticamente qualsiasi pulsante, contatore o cursore in Blender e che questo possa influenzare l'animazione e la trasformazione degli oggetti nella scena 3D.

Per aggiungere un *keyframe* in un fotogramma, bisogna posizionarsi nel fotogramma voluto, e salvare l'azione digitando il tasto I con la freccetta del mouse posizionata in corrispondenza del valore modificato. La casella o il pulsante si colorerà di giallo e varrà visualizzato un *keyframe* giallo sulla *Timeline* sotto forma di barretta verticale.

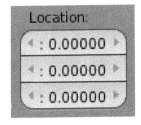

fig 25 le caselle dei contatori *Location* si colorano di giallo alla pressione del tasto I

ESERCIZIO n. 1: UN OGGETTO CHE SI SPOSTA DA UN PUNTO A UN ALTRO

In questo primo esercizio mostreremo quanto è semplice spostare un oggetto nel tempo da un punto e un altro.

Creiamo un piano e un cubo su esso appoggiato in prossimità di un angolo del piano.

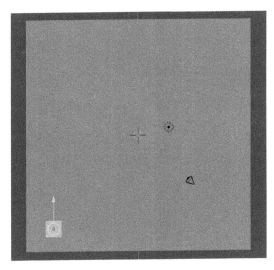

fig 26 il cubo sul piano nella posizione di partenza

Come abbiamo avuto occasione di provare in occasioni precedenti, fissiamo dapprima il numero dei fotogrammi, ad esempio 100, nel contatore *End* dell'*header* della *Timeline*.

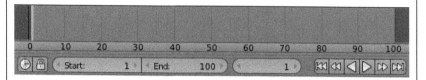

fig 27 impostare l'ultimo fotogramma dell'animazione a 100 *frame*

Questo farà in modo che l'animazione durerà 100 fotogrammi, ovvero espresso in secondi, sapendo che il *frame rate* dell'animazione è di 25 *fps*, la sequenza durerà 100 : 25 = 4 secondi.

Fissiamo un *keyframe* relativo alla posizione del cubo digitando I dopo aver posizionato il puntatore del mouse su uno dei contatori *Location* del pannello *Transform*, con il cubo selezionato. I tre contatori *x*, *y* e *z* si coloreranno di giallo.

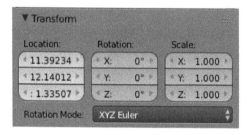

fig 28 inserimento del primo *keyframe*

Nella *Timeline*, in corrispondenza del fotogramma n. 1 apparirà un segno verticale giallo.

fig 29 il *keyframe* nella *Timeline* in corrispondenza del fotogramma n. 1

24

Spostiamo ora il cubo in prossimità dell'angolo opposto del piano, spostiamo il cursore della *Timeline* al fotogramma n. 100 e fissiamo un nuovo *keyframe* col tasto I.

Lanciando l'animazione con ALT + A, il cubo si sposterà da un fotogramma all'altro.

Possiamo fissare in corrispondenza dei fotogrammi intermedi tra il primo e l'ultimo ulteriori *keyframe*, in modo da creare un percorso non lineare.

fig 30 inserimento di nuovi *keyframe* per creare animazioni in un percorso più complesso e definito

Logicamente è possibile anche regolare il movimento agendo su altri trasformatori (e non solo), ad esempio sul trasformatore *Rotate*, imponendo al cubo, durante il suo percorso di ruotare su se stesso.

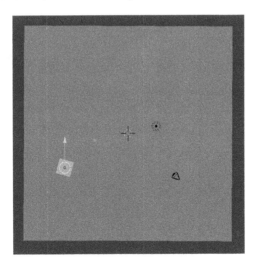

fig 31 rotazione del cubo di 15° al fotogramma n. 20 e inserimento di un *keyframe*

Per farlo, fissiamo un *keyframe* al fotogramma n. 1 con il cubo in posizione iniziale. Clicchiamo il tasto I, con il puntatore del mouse posizionato su *Rotation*. I contatori *Rotation* si coloreranno di giallo.

Andiamo, ad esempio al fotogramma 20 e ruotiamo il cubo di 15 gradi digitando R, 15. Digitiamo nuovamente I sui contatori *Rotation*.

Ripetiamo il procedimento nei fotogrammi chiave, quindi lanciamo l'animazione.

Il cubo si sposterà lungo il percorso, ruotando su se stesso.

È interessante notare come Blender calcoli l'interpolazione del movimento fra un *keyframe* e l'altro, rendendo fluida l'animazione.

Provate a creare nuove animazioni, operando anche sulla scala, ad esempio, in modo che un oggetto vari di scala col trascorrere del tempo, oppure provate a modellare la ruota di una macchina e fate in modo che ruoti attorno al suo asse mentre raggiunge un obiettivo.

fig. 32 il file *wheel.blend* mostra l'animazione di una ruota che si sposta ruotando da un punto A a un punto B

Un altro metodo che consente di inserire un *keyframe* è quello di digitare il tasto I all'interno della 3D view e scegliere tra le opzioni disponibili dal menu (*Insert Keyframe Menu*) che comparirà quella relativa al trasformatore desiderato su cui inserire il *keyframe*.

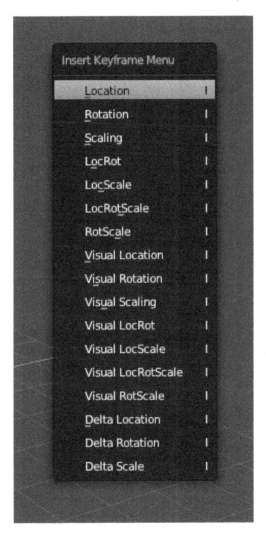

fig. 33 *Insert Keyframe Menu*

2.2. Animare utilizzando i modificatori

Abbiamo detto che la maggior parte dei parametri dei contatori e moltissimi pulsanti possono essere fissati con dei *keyframe* in determinati momenti della *Timeline*.

Ciò significa che non soltanto i trasformatori possono divenire punti chiave in una sequenza, ma anche, ad esempio, i modificatori stessi.

Tanto per chiarire, ad un determinato fotogramma un modificatore può essere acceso perché l'oggetto a cui è applicato viene inquadrato dalla camera, per poi essere spento se fuori campo. Ciò è utile per risparmiare calcoli inutili che Blender sarebbe costretto ad eseguire anche su oggetti non rappresentati o visibili.

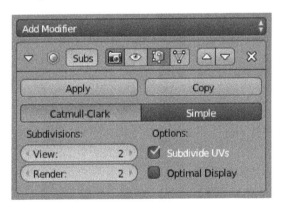

fig. 34 *keyframe* sul pulsante di visualizzazione del modificatore *Subdivision Surface*

Vediamo un esempio su come animare parti di un oggetto utilizzando i modificatori *Hook*.

Recuperiamo il progetto con la stella marina, realizzato durante lo studio del primo volume.

ESERCIZIO n. 2: STELLA MARINA CHE CAMMINA

Con questo metodo animeremo la stella marina in modo che cammini muovendo i tentacoli.

Per prima cosa dobbiamo fissare la posizione generale al fotogramma n. 1.

Per farlo assegneremo un *keyframe* non sulla stella, bensì sugli *Hook* associati a ogni tentacolo e al corpo centrale. Sarà necessario operare un gancio per volta, in quanto il *keyframe* si attiva soltanto sull'oggetto attivo, anche in una selezione.

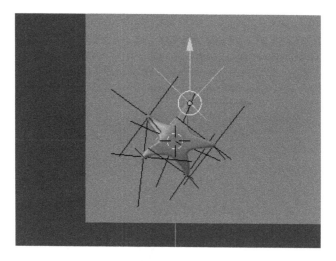

fig. 35 *keyframe* sugli *Hook*

Dopo aver fissato la posizione di partenza con i *keyframe* a tutti i ganci, trasciniamo il cursore della *Timeline* sull'ultimo fotogramma, poi selezioniamo la stella marina e i ganci associati e spostiamoli nella posizione finale, fissando, gancio dopo gancio, i *keyframe* relativi alla posizione terminale dell'animazione.

Naturalmente potremo aggiungere *keyframe* intermedi per generare percorsi non lineari o con accelerazioni o rallentamenti.

Lanciando l'animazione dal fotogramma n. 1, la stella inizierà a muoversi dal punto A al punto B, tuttavia senza muovere i tentacoli.

Delle linee tratteggiate indicano il legame tra il punto A e il punto B dei singoli ganci.

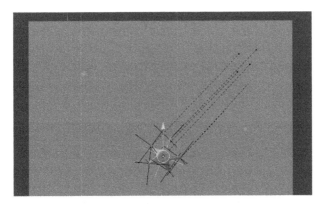

fig. 36 animazione primaria della stella marina dal punto A al punto B

A questo punto, con molta pazienza, dovremo lavorare per fotogrammi chiave intermedi su ogni gancio legato al rispettivo tentacolo, sollevandolo, ruotandolo o spostandolo leggermente e fissando di volta in volta il *keyframe* di riferimento.

Lanciando l'animazione, la stella marina procederà, fotogramma dopo fotogramma, camminando sui suoi tentacoli.

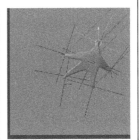

fig. 37 la stella procede muovendo i tentacoli

2.3. I vincoli

Nel sesto capitolo del secondo volume abbiamo già avuto modo di parlare dei vincoli e parentele.

Come abbiamo già visto, alcuni di questi vincoli (in particolare quelli dei gruppi *Transform* e *Relationship*, richiamabili dal menu *Constraints*, sono utilizzati nelle animazioni semplici (imparentando oggetti ad altri), nel *rigging* e nelle armature, e nel *Motion Tracking*.

fig. 38 i modificatori *Constraints* legati all'animazione (*Motion Tracking* e *Tracking*)

Sempre nel secondo volume, abbiamo visto come animare un oggetto lungo un percorso, nella fattispecie una camera lungo una curva di *Bézier*, imparentando i due oggetti.

ESERCIZIO n. 3: BRIVIDI SULLE MONTAGNE RUSSE: ANIMAZIONE LUNGO UN PERCORSO

Posizioniamo la camera in corrispondenza del vertice iniziale della curva di *Bézier*, sollevandola leggermente di quanto basta per simulare la visione da uno spettatore del trenino sulle rotaie.

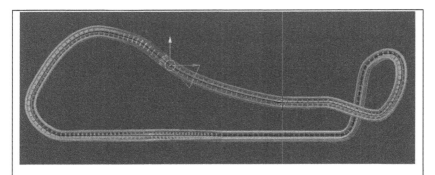

fig. 39 posizionamento della camera sul *path*

Selezioniamo la camera, quindi la curva di *Bézier*, e digitiamo CTRL + P, scegliendo dal menu delle opzioni *Set Parent To* e scegliendo la voce *Follow Path*.

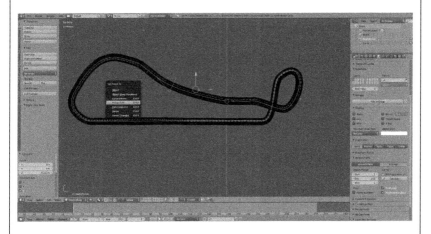

fig. 40 *Follow Path*

Selezioniamo ora la curva e impostiamo, nel menu *Duplication* del *tab Data*, il valore 250 nel contatore *End*. Questa operazione serve a indicare a Blender che la durata dell'animazione dovrà coincidere con l'intera sequenza dei fotogrammi impostata nella *Timeline*.

Infatti, riducendo il valore, si otterrebbe un effetto animato più veloce, mentre per valori superiori un *rallenty*.

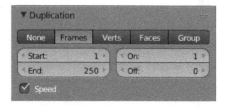

fig. 41 il pannello *Duplication* del *tab Data*

Lanciando l'animazione con ALT + A, la camera correrà lungo il binario.

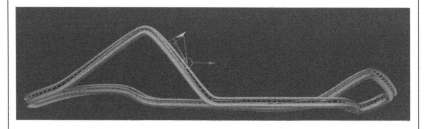

fig. 42 la camera corre lungo il percorso delle montagne russe

Provate a digitare 0 NUM per osservare ciò che la camera sta inquadrando.

fig. 43 inquadratura della scena animata

34

Noterete che l'inquadratura di questa non rimarrà sempre costante sul centro della curva.

Il motivo sta nel fatto che la camera non ha un obiettivo fisso da seguire, ad esempio la mezzeria del binario o un oggetto che si muove attorno a lei.

L'osservatore potrebbe, invece di seguire il percorso dettato dal binario, guardarsi intorno ad osservare il panorama.

Dobbiamo quindi inserire un oggetto *target* che sarà costantemente inquadrato dalla camera.

Abbiamo a disposizione due metodi differenti per ottenere lo stesso risultato.

Metodo 1

Inseriamo un *Empty* e posizioniamolo poco avanti alla camera, sempre relativamente sollevato dalla curva di *Bézier*.

Facciamo in modo che anche l'*Empty* segua il percorso (CTRL + P).

Quindi selezioniamo la camera e, dal *tab Constraints*, dal gruppo *Tracking* selezioniamo *Track To*.

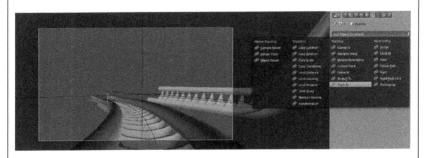

fig. 44 *Track To*

Nel pannello che si attiverà imponiamo *Empty* come *Target Object* e *–Z* come direzione dell'inquadratura, ricordando che in una camera il verso *Z* sta a indicare il vettore che punta verso l'osservatore nell'inquadratura.

fig. 45 il pannello *Track To*

Lanciando l'animazione la camera seguirà costantemente il percorso dell'oggetto *Empty*.

Metodo 2

Un secondo metodo, nel caso si voglia forzare inquadrature più libere, occorre utilizzare i *keyframes*.

All'oggetto *Empty*, avremmo dovuto assegnare diversi *keyframes*, ad esempio, in parte lungo il percorso e in parte al di fuori, nel caso fossimo interessati a deviare il punto di osservazione della camera al di fuori del binario.

2.3.1. Il vincolo *Follow Path*

Ricordiamo i parametri del pannello **Follow Path**, che si trova nel *tab Constraints* tra i vincoli *Relationship*:

- Spuntando *Follow Curve* è possibile tuttavia forzare l'inquadratura sul *target*, ossia sull'origine della curva. La camera, in questo caso, nel seguire il percorso, ruoterà inquadrando costantemente l'origine.

- *Curve Radius* consente all'oggetto (la camera nel nostro caso) di scalarsi secondo i raggi di curvatura della curva.

- *Offset* permette di spostare la posizione dell'oggetto lungo in percorso in relazione al fotogramma di partenza dell'animazione.

- *Forward* definisce l'orientamento dell'oggetto rispetto alla curva, allineandolo secondo la direzione di avanzamento del percorso, vale a dire in base alla tangenza della curva in quel punto.

- *Up* definisce l'asse dell'oggetto allineato con l'asse z del mondo. Questo, nel caso della camera, è impostato su Z, in quanto normale all'inquadratura.

fig. 46 il pannello *Follow Path*

37

2.3.2. I vincoli *Constraints Tracking*

In questo paragrafo analizzeremo i vincoli del gruppo *Tracking* che si trovano nel *tab Constraints*.

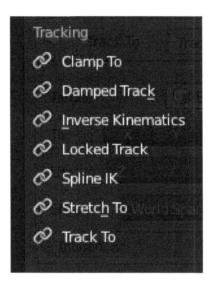

fig. 47 i vincoli *Constraints Tracking*

CLAMP TO

Il vincolo **Clamp To** vincola un oggetto ad una curva. È molto simile al vincolo *Follow Path*, ma, invece di utilizzare il tempo di valutazione della curva di destinazione, si basa sulle proprietà della posizione attuale del suo riferimento, benché non eccessivamente accurata.

Come asse principale viene definito, come impostazione predefinita, quello più lungo del rettangolo di selezione curva.

La posizione dell'oggetto viene confrontata con il riquadro di delimitazione della curva nella direzione dell'asse principale.

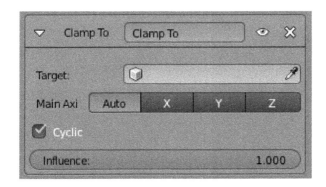

fig. 48 il pannello del vincolo *Clamp To*

Nel pannello **Clamp To** sono disponibili le seguenti opzioni:

Il campo *Target* indica lungo quale curva l'oggetto seguirà il percorso. Se questo campo non è indicato o non ha sufficienti informazioni, il titolo *Clamp To* verrà evidenziato in rosso e il suo effetto verrà ignorato.

Lo *switch Main Axis* controlla che l'asse globale (x, y o z), sia la direzione principale del percorso. L'opzione di default *Auto* sceglie automaticamente l'asse della curva più lungo.

Di *default*, una volta che l'oggetto ha raggiunto una estremità della sua curva di destinazione, sarà vincolata in quel punto. Quando l'opzione a spunta *Cyclic* è attivata, non appena raggiunge una estremità della curva, viene istantaneamente spostato nella sua altra estremità. Questo è, naturalmente, progettato principalmente per curve chiuse, come nel caso dell'esempio precedente del binario delle montagne russe.

Influence è un cursore che definisce quanto il vincolo influenzi il legame dell'oggetto alla curva. 0 è il valore minimo, 1 il valore massimo.

Il vincolo **Damped Track** costringe un asse locale dell'oggetto di riferimento di puntare sempre verso un destinazione.

fig. 49 il pannello del vincolo *Damped Track*

Targed definisce l'obiettivo, che può essere una curva o anche una *mesh* (in questo caso è possibile definire come *target* anche un *Vertex Group* della *mesh* stessa) o un'armatura (in questo caso apparirà l'opzione *Bone* che consente di puntare un singolo osso o la testa di un osso *Head/Tail*).

fig. 50 l'opzione *Vertex Group* compare in caso il *Target* sia una *mesh*

To definisce la direzione dell'oggetto *Targed* su cui puntare.

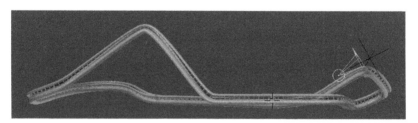

fig. 51 in questa immagine, la camera punta costantemente nella direzione -Z

40

Influence definisce quanto il vincolo influenzi il legame dell'oggetto alla curva. 0 è il valore minimo, 1 il valore massimo.

INVERSE KINEMATICS

fig. 52 il pannello del vincolo *Inverse Kinematic* (IK)

Sulla cinematica inversa avremo modo di parlare nei prossimi capitoli legati all'armatura, al *rigging* e ai movimenti degli arti.

Questo vincolo implementa la cinematica inversa nella messa in posa di un oggetto. Si tratta, quindi, di un vincolo disponibile solo per le ossa al fine di creare rapidamente un vincolo *IK* con un target, selezionare un osso in modalità posa, e poi digitare SHIFT + I.

Questo vincolo verrà documentato in modo più approfondito al momento opportuno, quando parleremo della cinematica inversa.

Per ora ci limiteremo a descrivere semplicemente le opzioni disponibili:

Target deve essere per forza un'armatura.

Bone definisce un osso dell'armatura.

Pole Target determina l'oggetto che funge come polo di rotazione.

Iterations definisce il numero massimo di iterazioni;

Chain Length indica quante ossa sono interessate all'effetto IK. Impostare a 0 per includere tutte le ossa.

Use Tail include la coda dell'osso come ultimo elemento della catena.

Stretch abilita lo stiramento nella cinematica inversa.

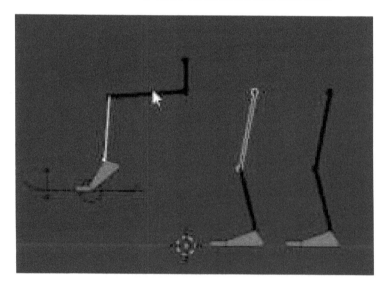

fig. 53 la cinematica inversa influenza nello spostamento più ossa in modo da articolare la posa in modo più smussato e credibile. Si pensi al sollevamento di un piede. Questo influenzerà la posizione delle dita e del ginocchio

La sezione *Weight* dispone di due parametri:

- Position determina il controllo del peso (definito da *Weight Paint*) per la posizione;

- *Rotation* definisce la rotazione del target.

La spunta *Target* attiva o disattiva l'influenza del *target* alla cinematica inversa.

La spunta *Rotation* attiva o disattiva la possibilità che l'oggetto segua la rotazione del *target*.

Influence definisce quanto il vincolo influenzi il legame dell'oggetto alla curva. 0 è il valore minimo, 1 il valore massimo.

LOCKED TRACK

fig. 54 il pannello del vincolo *Locked Track*

Questo vincolo impedisce che un asse dell'oggetto vincolato sia bloccato nel movimento e libero per la sola rotazione. L'oggetto, quindi, può puntare il suo obiettivo, senza poterlo raggiungere, ruotando intorno a questo asse.

L'esempio più classico è quello della bussola. Essa può ruotare per puntare verso il nord magnetico, o un magnete vicino, ma non può puntare e spostarsi direttamente su esso, perché è vincolato solo a ruotare attorno a un asse.

Le opzioni disponibili sono:

Target che definisce un oggetto come obiettivo. Nel caso si definisca una mesh come *target*, sarà disponibile un ulteriore parametro, *Vertex Group*, che permetta di definire come bersaglio un gruppo di vertici della *mesh* selezionata.

To definisce l'asse locale di tracciamento.

Lock imposta l'asse di rotazione locale bloccato (Z di *default*).

Influence definisce quanto il vincolo influenzi il legame dell'oggetto alla curva. 0 è il valore minimo, 1 il valore massimo.

SPLINE IK

Il vincolo **Spline IK** allinea una catena di ossa lungo una curva, sfruttando la facilità e la flessibilità di realizzare forme esteticamente gradevoli offerte da curve e la prevedibilità e il controllo ben integrato offerto da ossa.

Spline IK è uno strumento prezioso nella cassetta degli attrezzi dei *riggers*. Esso è particolarmente adatto per gestire le parti flessibili del corpo come code e tentacoli, o elementi inorganici quali funi.

Per impostare *Spline IK*, è necessario disporre di una catena di ossa collegati e una curva.

Con l'ultimo osso della catena selezionato, aggiungere un vincolo *Spline IK* dalla scheda Vincoli *Bone* nella finestra *Properties*.

Impostare *Chain Length* per definire il numero di ossa nella catena (a partire da e compresa l'osso selezionato), che dovrebbe essere influenzata dalla curva.

Infine, impostare *Target* alla curva.

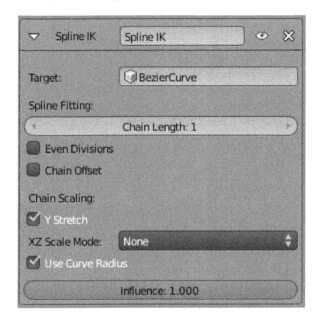

fig. 55 il pannello del vincolo *Spline IK*

Le altre opzioni sono:

Even Division ignora la lunghezza relativa delle ossa nel montaggio alla curva;

Chain Offset devia tutta la catena relativa alla radice collegata

Nella sezione *Chain Scaling*:

- *Y Stretch* allunga l'asse *y* delle ossa per adattarsi alla curva;

- *XY Scale Mode* apre un menu in cui definire una delle seguenti opzioni di scalatura: None (nessuna scalatura nelle direzioni x e y); *Bone Original* (utilizza la scala

45

originale delle ossa); *Volume Preservation* (imposta la scala degli assi x e z in modo che siano l'inverso della scala y).

La spunta *Use Curve Radius* definisce *che* il raggio medio dei punti venga usato per regolare la scalatura x e z delle ossa.

Influence definisce quanto il vincolo influenzi il legame dell'oggetto alla curva. 0 è il valore minimo, 1 il valore massimo.

STRETCH TO

fig. 56 il pannello del vincolo *Stretch To* associato a una *mesh*

Il vincolo **Stretch** To fa sì che l'oggetto su cui è assegnato ruoti e ridimensioni il suo asse y nella direzione del suo obiettivo.

Essa può, in modo facoltativo, forzare anche alcune caratteristiche volumetriche all'oggetto, in modo che possa essere schiacciato verso il basso quando il *target* si avvicina, o assottigliarsi se si allontana.

Si noti, tuttavia, che non è il volume reale dell'oggetto che viene conservato, ma piuttosto quello virtuale definito dai valori di scala.

Questo vincolo funziona anche con oggetti non volumetrici, come superfici e curve.

Logicamente può essere associato a un'armatura e a ossa specifiche.

Nel pannello di controllo, *Target* definisce l'obiettivo del vincolo, mentre *Vertex Group* consente di assegnare soltanto un gruppo di vertici della *mesh* come obiettivo.

Il contatore *Rest Length* imposta la distanza a riposo tra l'oggetto e il suo obiettivo, ossia la distanza per la quale si ha nessuna deformazione (allungamento o schiacciamento) dell'oggetto.

Premendo il pulsante *Reset*, viene ricalcolato il valore della lunghezza a riposo, in modo che corrisponda alla distanza effettiva tra l'oggetto e il suo obiettivo.

Questi pulsanti di controllo che degli assi *x, z* per conservare il volume virtuale mentre si estende lungo l'asse *y*. Se si attiva il pulsante *None*, le variazioni volumetriche vengono disabilitate.

I pulsanti *X* e *Z* riferiti alla sezione *Plane* sono equivalenti a quelli *Up* relativi al vincolo *Track To*: controllano quale degli assi *x* o *z* dovrebbe essere mantenuto (per quanto possibile) allineato con l'asse *z* globale, mentre viene seguito il bersaglio con l'asse *y*.

Influence definisce quanto il vincolo influenzi il legame dell'oggetto alla curva. 0 è il valore minimo, 1 il valore massimo.

Nel caso in cui il *Target* sia un'armatura, viene visualizzata l'opzione *Bone* in cui definire quale osso dell'armatura sarà soggetto al vincolo, mentre *Head/Tail* permette di scegliere cosa considerare come punto di deformazione (testa o radice) lungo questo osso.

fig. 57 il pannello del vincolo *Stretch To* associato a un'armatura

TRACK TO

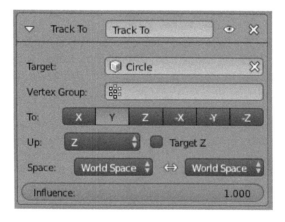

fig. 58 il pannello del vincolo *Track To*

48

Questo vincolo impone all'oggetto su cui è applicato di seguire il movimento di un obiettivo (*target*). Questo significa che l'oggetto sarà sempre direzionato, secondo l'asse predefinito, verso l'obiettivo.

Viene generalmente utilizzato per forzare una telecamera a inquadrare sempre lo stesso obiettivo anche se in movimento.

Trova anche applicazione frequente nei *videogame* di tipo *sparatutto* e nelle armature.

Nel pannello, *Target* definisce l'obiettivo, che può essere un oggetto qualsiasi, o anche un'armatura. Nel caso l'obiettivo sia una *mesh* sarà disponibile anche un'opzione *Vertex Group*, mentre in caso di armatura, le opzioni *Bone*, per definire uno specifico osso, e *Head/Tail*, come per altri vincoli precedentemente descritti.

To determina l'asse locale di *tracking* (Y per impostazione predefinita), vale a dire l'asse dell'oggetto che punterà al bersaglio.

Up definisce la direzione verso l'alto relativa all'oggetto.

Nel caso di una camera, la cui inquadratura è definita dagli assi x e y, l'alto è definito da y mentre il puntamento al *target* (*To*) deve essere impostato come −Z.

Il pulsante *Target Z*, per *default*, allinea il "sopra" del target con l'asse z globale.

L'opzione *Space* consente di scegliere le coordinate spaziali (*World Space* o *Local Space*).

Influence definisce quanto il vincolo influenzi il legame dell'oggetto alla curva. 0 è il valore minimo, 1 il valore massimo.

Nell'esercizio che segue faremo in modo che una telecamera in movimento inquadri costantemente un oggetto in movimento lungo il percorso.

ESERCIZIO n. 3: INQUADRATURA COSTANTE SU UN OGGETTO IN MOVIMENTO

Inseriamo nella scena una curva di *Bézier* e modifichiamola a piacimento in *Edit Mode*.

Selezioniamo il vertice estremo della curva e con SHIFT + S, posizioniamo su esso il *3D Cursor*.

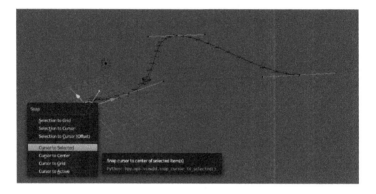

fig. 59 posizionamento del *3D Cursor* all'estremità della curva

Torniamo in *Object Mode* e inseriamo una sfera, adeguatamente riscalata, in corrispondenza del *3D Cursor*.

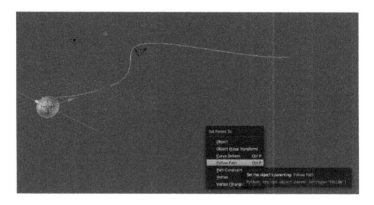

fig. 60 inserimento della sfera e vincolo della stessa a seguire la curva

50

Vincoliamo la sfera alla curva, selezionandole in sequenza, e digitando CTRL + P e scegliendo l'opzione *Follow Path*.

Lanciando l'animazione con ALT + A, la sfera correrà lungo il percorso.

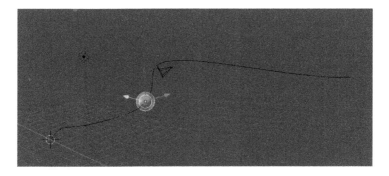

fig. 61 animazione della sfera lungo il percorso

Inseriamo ora una camera e posizioniamola in modo da inquadrare la sfera nel fotogramma n. 1.

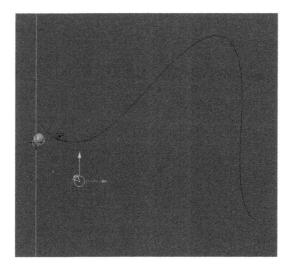

fig. 62 posizionamento della camera

51

Fissiamo la posizione della camera al fotogramma n. 1 inserendo un *keyframe* su *Location* e su *Rotation*.

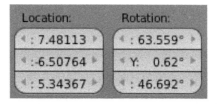

fig. 63 *keyframe* al fotogramma n. 1

Posizioniamoci al fotogramma n. 10 e posizioniamo la camera in modo che si sposti indipendentemente dal percorso della sfera e fissiamo nuovi *keyframe*.

Ripetiamo l'operazione per tutti i fotogrammi chiave necessari.

Fig. 64 inserimento dei *keyframe* sui fotogrammi relativi allo spostamento della camera

Selezioniamo la camera e assegniamole il vincolo *Track To*, impostando la sfera come *Target*, *-Z* come verso dell'inquadratura (normale all'inquadratura della camera, verso l'esterno) e *Up* come Y.

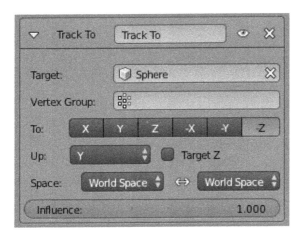

Fig. 65 impostazioni del pannello *Track To* assegnato alla camera

Posizioniamoci in vista camera digitando 0 NUM e lanciamo l'animazione con ALT + A.

La camera seguirà costantemente il percorso della sfera in movimento, muovendosi lungo un percorso definito dai *keyframe*.

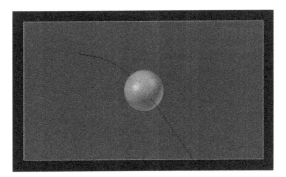

Fig. 66 inquadratura

2.4. Dope Sheet

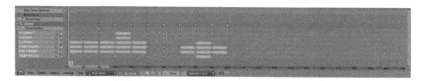

fig. 67 *Dope Sheet Editor*

Nelle tecniche di animazione tradizionali, gli animatori che disegnavano a mano libera, avevano l'abitudine di rappresentare su un foglio il grafico degli eventi (video, audio, effetti, movimenti di camera...) che si sarebbero verificati nel tempo.

A questo schema grafico è stato dato il nome di **dopesheet**.

Blender dispone di una finestra omonima (*Dope Sheet*) che eredita una struttura simile all'impostazione classica.

Nella *header* di questa finestra vi è un menu (*Editing Context Being Displayed*) che permette di definire la visualizzazione grafica preferita.

fig. 68 il menu *Editing Context Being Displayed*

Sono disponibili 5 modalità differenti:

- *Dopesheet* consente di modificare più azioni contemporaneamente.

- *Action* Editor, modalità di default, è più completa della precedente, in quanto è possibile definire e controllare le vostre azioni.

- *Shape Key Editor* non è molto utile perché consente di modificare e utilizzare esclusivamente i *datablock* della modalità precedente.

- *Grease Pencil* consente di utilizzare un *grease pencil* sui dati.

L'interfaccia del *Dope Sheet* è composta da tre parti principali:

- un'area (sul lato sinistro), detta *Action List Area* in cui sono listati tutti gli eventi riferiti ad ogni oggetto.

- un'area di lavoro principale, detta *Keyframes Area Editing*, in cui sono rappresentati tutti gli eventi nel tempo;

- una *header* in cui sono contenuti i menu specifici della finestra.

2.4.1. *Actions List Area*

Quest'area, posizionata sulla sinistra della finestra, somiglia, per certi versi, alla finestra Outliner.

In quest'area è raccolta l'intera lista degli eventi applicati ad ogni singolo oggetto della 3D view.

Il listato degli eventi è suddiviso in una gerarchia di canali ben definita:

oggetto – evento (Action) – keyframe.

Ad esempio, riferendosi all'oggetto *Camera*, sotto l'evento *Camera* Action, sono listati tutti i *keyframe* registrati *X, Y* e *Z Location* (riferiti allo spostamento) e *X Euler Rotation X, Y* e *Z* (riferiti alle rotazioni).

Ogni evento è definito da un nome (ad esempio *X Location*), dal parametro assegnato dal *keyframe* nel fotogramma selezionato, il lucchetto che non consente modifiche e l'altoparlante che permette di attivare e disattivare quell'evento specifico.

Il triangolino a sinistra del canale consente di mostrare la concatenazione gerarchica degli eventi ad esso legati.

La selezione di un canale o di un evento renderà automaticamente attivo nella 3D view l'oggetto a cui si riferisce.

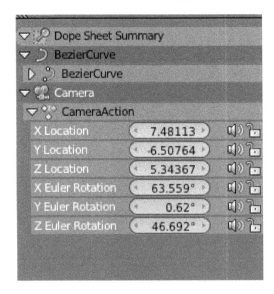

fig. 69 il listato degli eventi con la loro gerarchia

2.4.1. Keyframes Area Editing

In corrispondenza di ogni evento nella *keyframe List Area*, lungo l'asse delle ascisse che definisce il tempo, nella *Keyframs Area Editing*, sono visualizzati tutti gli eventi, rappresentati da un piccolo rombo bianco.

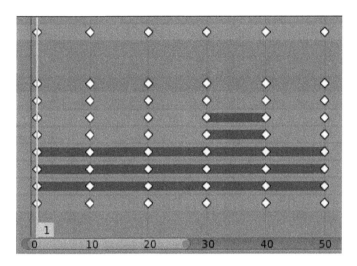

fig. 70 gli eventi rappresentati nell'area di lavoro

Tali eventi possono essere selezionati con LMB, effettuando anche selezioni multiple con SHIFT e LMB, o con B. Quando selezionati, gli eventi si colorano di arancio.

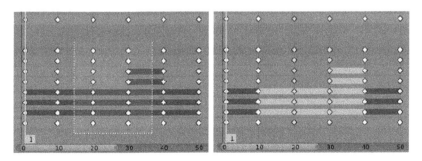

fig. 71 selezione rettangolare (B) di eventi

57

Eventi tra loro connessi sono rappresentati da strisce verde scuro (arancio se selezionate). Esse definiscono anche la durata dell'evento.

Ogni evento può essere trascinato (con G), copiato o rimosso. Naturalmente, ogni modifica influenzerà anche la *Timeline*.

Un cursore rappresentato da un segmento verticale verde e da un riquadro in basso indicante il numero del fotogramma corrente, indica l'avanzamento dell'animazione, al pari del cursore della *Timeline*. Il cursore può essere trascinato cliccando sul numero del fotogramma con RMB.

2.4.1. La *header*

fig. 72 la *header* della finestra *Dope Sheet*

Nella *header* sono contenuti tutti i menu e gli strumenti specifici per la gestione degli eventi.

Vi sono 5 menu a tendina e diversi pulsanti che andremo di seguito a descrivere.

Il menu *View* dispone di opzioni dedicate alla visualizzazione:

- La spunta *Realtime Updates*, quando si modificano *keyframe*, fa in modo che le modifiche ai dati di animazione vengano trasferite anche alle altre viste;

- *Show Frame Number Indicator* visualizza il numero di fotogramma in basso al cursore verde;

- *Show Sliders* mostra i cursori con i valori definiti per ogni evento;

58

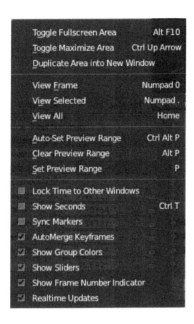

fig. 73 il menu *View* dell'*header* del *Dope Sheet*

- *Show Group Colors* utilizza colori specifici per gli eventi e i sotto eventi;

- *Automerge Keyframes* fonde automaticamente *keyframe* molto vicini;

- *Sync Markers* sincronizza i *marker* con i *keyframe* modificati;

- *Show Seconds* (CTRL + T) mostra i secondi in luogo dei fotogrammi nell'ascissa;

fig. 74 visualizzazione dei secondi

- *Lock Time To Other Windows* blocca le impostazioni nel tempo in altre finestre;

59

- *Set Preview Range* (P) definisce in modo interattivo il *range* di fotogrammi utilizzato per la riproduzione. Consente di definire una serie di anteprime temporanee da utilizzare durante la riproduzione in tempo reale;

- *Clear Preview Range* (ALT + P) elimina l'anteprima di cui sopra;

- *Autoset Preview range* (CTRL + ALT + P) Imposta automaticamente il *range* di anteprima per riprodurre l'intero evento;

Le altre opzioni sono le medesime già incontrati in altre finestre e si riferiscono alla visualizzazione generale della finestra.

Il menu *Select* dispone delle stesse opzioni di selezione riferite ad altre finestre, come, ad esempio, la 3D view.

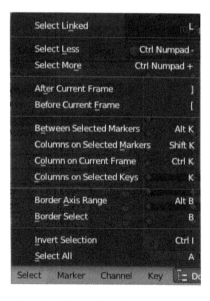

fig. 75 il menu *Select* dell'*header* del *Dope Sheet*

60

Il menu *Marker* è identico a quello presente nell'*header* della *Timeline*.

fig. 76 il menu *Marker* dell'*header* del *Dope Sheet*

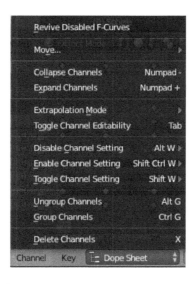

fig. 77 il menu *Channel* dell'*header* del *Dope Sheet*

61

Il menu *Channel* contiene le opzioni di controllo dei canali (o eventi) presenti e definiti dai *keyframe*.

- *Revive Disable F*-Curves disabilita l'etichetta *Clear* da tutti i canali;

- *Move* apre un sottomenu in cui definire se spostare gli eventi nella *Actions List Area* alla sommità della gerarchia (*To Top*, SHIFT + PAGE UP), in alto (*Up*, PAGE UP); in basso (*Down*, PAGE DOWN) o in basso alla lista (*To Bottom*, SHIFT + PAGE DOWN);

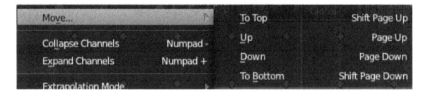

fig. 78 il sottomenu *Move*

- *Collapse Channels* minimizza l'evento;

- *Expand Channels* estende la gerarchia dell'evento;

- *Extrapolation Mode* modifica l'estrapolazione tra i fotogrammi chiave (*keyframe*) selezionati. Sono disponibili più opzioni nell'editor grafico;

- *Toggle Channel Editability* (TAB) blocca o sblocca un canale (evento) per la modifica;

- *Disable/Enable Channel Settings* abilita o disabilita l'impostazione di un canale selezionato;

- *Toggle Channel Settings* blocca o sblocca un canale (evento) per le modifiche;

- *Ungroup Channels* (ALT + G) e *Group Channel* (CTRL + G) trascina fuori da un gruppo o raggruppa gli eventi selezionati;

- *Delete Channel* (X) elimina l'evento o l'azione selezionati.

Il menu *Key* contiene tutti gli strumenti di modifica dei *keyframe* selezionati.

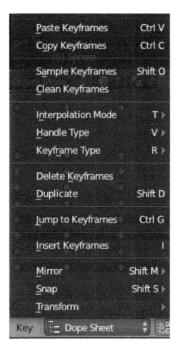

fig. 79 il menu *Key* dell'*header* del *Dope Sheet*

- *Transform* apre un sottomenu in cui scegliere le principali opzioni di trasformazione dei *keyframe* selezionati: *Grab* (G), *Extend* (E), *Slide* (SHIFT + T) e *Scale* (S);

63

- *Snap* (SHIFT + S)consente di impostare le opzioni di calamita dei *keyframe* selezionati, in modo di agganciarli: al *frame corrente* (*Current Frame*), al *frame* più vicino (*Nearest Frame*), al secondo più vicino (*Nearest Second*) o al *marker* più vicino (*Nearest Marker*);

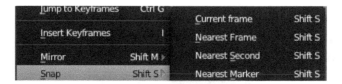

fig. 80 *Snap*

- *Mirror* (SHIFT + M) specchia i keyframe selezionati secondo: la linea verticale verde (cursore) posizionata sul *frame corrente* (*By Times over Current Frame*), l'inverso dei valori impostati al determinato *keyframe* (*By Values over Value*), la linea verticale verde posizionata sul primo *marker* selezionato (*By Times First Selected Marker*);

fig. 81 *Mirror*

- *Insert Keyframes* (I) inserisce un *keyframe* alla posizione corrente;

- *Jump To Keyframe* (CTRL + G) si posiziona al *keyframe* selezionato o al baricentro fra più *keyframe* selezionati;

- *Duplicate* (SHIFT + D) duplica i *keyframe* selezionati;

- *Delete Keyframes* (CANC o X) elimina i *keyframe* selezionati;

64

- *Keyframe Type* (R) imposta la tipologia dei *keyframe* selezionati assegnando loro un colore di riferimento: *keyframe* (standard), *Breakdown*, *Extreme* e *Jitter*.

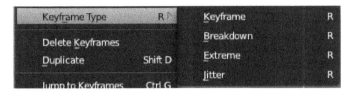

fig. 82 *Keyframe Type*

- *Handle Type* (V) definisce la tipologia di maniglia per i *keyframe*, in modo simile alle maniglie utilizzate per le curve (funzione visibile sul *Graph Editor*);

- *Interpolation Mode* (T) definisce la metodologia di interpolazione e raccordo fra *keyframe* (opzioni assegnabili nel *Dopesheet*, ma fruibili nel *Graph Editor*);

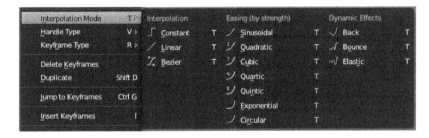

fig. 83 *Interpolation Type*

- *Clean Keyframes* consente di pulire l'animazione da *keyframe* doppi o troppo vicini tra quelli selezionati;

- *Sample Keyframes* (SHIFT + O) aggiunge dei *keyframes* su tutti i fotogrammi compresi fra i *keyframes* selezionati;

- *Copy Keyframes* (CTRL + C) e *Paste Keyframes* (CTRL + V) copiano e incollano al frame corrente i *keyframe* selezionati.

65

Proseguendo oltre ai menu precedentemente descritti e al menu a tendina *Editing Context Mode*, nell'*header* troviamo alcuni pulsanti.

Il pulsante *Summary* aggiunge una ulteriore riga di eventi in cui sono riassunti in modo generico tutti i *keyframe* presenti nella scena.

fig. 84 il pulsante *Summary*

I tre pulsanti rappresentanti una freccia bianca, un piccolo fantasma e un salvagente consentono di visualizzare rispettivamente nel *Dopesheet*:

- i *keyframe* relativi agli oggetti selezionati nella 3D view (freccia);

- i *keyframe* relativi agli oggetti nascosti o non visibili (fantasmino);

- i *keyframe* relativi ad oggetti e dati contenenti errori (salvagente).

fig. 85 i pulsanti di visualizzazione e selezione dei *keyframe*

La lente di ingrandimento attiva una casella di testo in cui poter scrivere i dati relativi a oggetti o *keyframes* che si intendano visualizzare.

66

Il pulsante *Filters* (se premuto il simbolo +) attiva alcuni pulsanti che permettono di visualizzare le opzioni e i dati dei *keyframe* relativi a specifiche tipologie di oggetto e della scena (oggetti, impostazioni dell'ambiente *World*, relazioni, trasformatori, modificatori, materiali, luci, *texture*, camera e *Linestyle*).

fig. 86 i pulsanti di selezione per oggetti

In modo analogo al *Proportional Editing* nella 3D view, quello relativo ai *keyframe* è presente nell'*header* e può essere attivato dal pulsante con il cerchietto, scegliendo il tipo di *Falloff* e lo *Snap*.

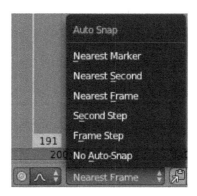

fig. 87 *Proportional Editing, Falloff e Auto Snap*

Gli ultimi pulsanti consentono di copiare e incollare i *keyframe* selezionati nel *buffer* per poter essere esportati in un progetto differente.

fig. 88 *Copy e Paste nel buffer*

67

2.5. Graph Editor

Il **Graph Editor** rappresenta lo strumento principale per la gestione delle animazioni. Esso consente di modificare i dati relativi alle animazioni, come, ad esempio, in *keyframe*, utilizzando curve dette *F-Curve*.

Queste *F-Curve* uniscono i *keyframe* secondo un principio di interpolazione definito dall'utente.

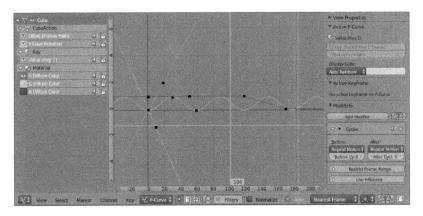

fig. 89 il *Graph Editor*

L'editor grafico ha due modalità, *F-Curve* e *Driver*, richiamabili nel menu a tendina nell'*header*. Entrambi sono molto simili.

fig. 90 *Graph Editor Mode*

Il *Graph Editor* è suddiviso in regioni, in modo analogo al *Dope Sheet*.

2.5.1. La **Curve Editor Area**

L'area centrale è detta **Curve Editor Area** e raffigura graficamente le impostazioni sull'animazione della scena attraverso punti di controllo (*keyframe*) e curve di interpolazione tra essi (*F-Curve*).

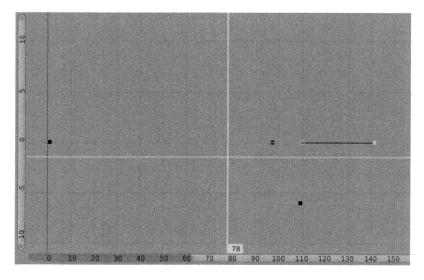

fig. 91 *Curve Editor Area*

L'area è rappresentata come un sistema cartesiano, in cui, sulle ascisse vi sono i fotogrammi o, in generale, il tempo; sulle ordinate il valore numerico dell'evento selezionato (*keyframe*).

Lo spazio centrale ospita una griglia con gli eventi.

Il *frame* corrente è rappresentato da una intersezione di due linee mobili di colore verde, simili ad un mirino, dette *2D Cursor*, in cui

69

la linea verticale mostra il numero del fotogramma, mentre quella orizzontale definisce graficamente il valore dell'evento.

fig. 92 il *2D Cursor*

Il sistema di navigazione del *2D Cursor* e della vista della *Curve Editor Area* è riassunto in 6 modalità:

- WM (rotella del mouse): zoom avanti e indietro della *Curve Editor Area;*

- MMB: navigazione libera della vista della *Curve Editor Area;*

- SHIFT + WM: traslazione verticale della vista della *Curve Editor Area;*

- CTRL + WM: traslazione orizzontale della vista della *Curve Editor Area;*

- RMB: spostamento libero del cursore nella *Curve Editor Area;*

- ALT + WM: spostamento fine orizzontale del cursore.

Inoltre sono disponibili le seguenti opzioni di visualizzazione:

- HOME: visualizzazione globale di tutti gli eventi nella *Curve Editor Area;*

- . NUM: massimizzazione e della vista e centratura dei *keyframe* o degli elementi selezionati nella *Curve Editor Area.*

L'eventuale presenza di *marker* nell'animazione è visualizzata nel *Graph Editor* con triangolini arancioni disposti sulle ascisse, in corrispondenza del fotogramma e accompagnati dal nome che è stato loro assegnato.

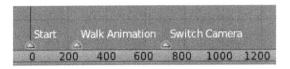

fig. 93 *marker*

Ogni *keyframe* è definito da un vertice e da due maniglie (o punti di controllo), allo stesso modo delle *curve*.

La selezione degli elementi (*keyframe*) avviene con un semplice click su LMB. La selezione multipla può avvenire con la *box selection* (tasto B e trascinamento) o tenendo premuto il tasto SHIFT durante la selezione degli elementi.

Tutti gli elementi possono essere trascinati o spostati (tasti G e R) allo stesso modo di un qualsiasi elemento nella 3D view.

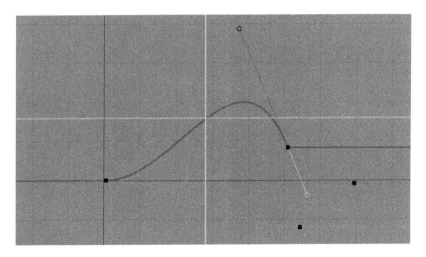

fig. 94 manipolazione delle maniglie e dei *keyframe*

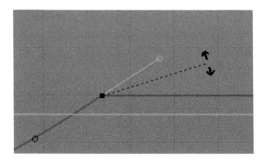

fig. 95 selezionando la maniglia e digitando R (ed eventualmente il numero dei gradi) questa ruoterà attorno al vertice di riferimento (*keyframe*)

2.5.2. La *Channel Region*

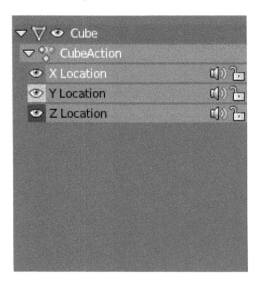

fig. 96 la *Channel Region*

La struttura e la funzionalità è molto simile a quella dell'*Action List Area* presente nel *Dope Sheet*. Ogni è evento è raggruppato in una *root* legata agli oggetti interessati. Gli eventi legati ad un oggetto possono essere visualizzati o meno cliccando sull'occhio accanto al nome dell'oggetto, oppure bloccati cliccando sul lucchetto accanto ad ogni evento (o azione).

A ogni evento (e di conseguenza alla *F*-Curve corrispondente nella *Curve Editor Area*, è associato un colore differente in modo da poter essere riconosciuto immediatamente.

2.5.3. La *sidebar Properties*

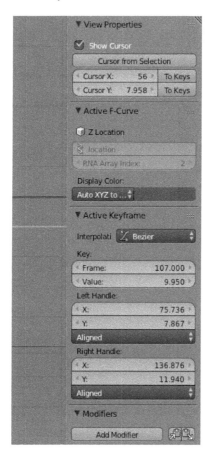

fig. 97 la *sidebar Properties*

La *sidebar Properties* si trova all'interno della *Curve Editor Area* e può essere attivata o disattivata col tasto N.

Essa è composta da 4 pannelli che contengono le proprietà specifiche sulla vista, i *keyframe*, le *F-Curve* e i modificatori.

Come tutti i pannelli in Blender, questi possono essere esplosi o minimizzati cliccando sulla freccia nera accanto al titolo e riposizionati tra loro a piacimento, trascinandoli cliccando sui due trattini orizzontali in alto a destra.

Il pannello **View Properties** riassume le proprietà di visualizzazione del *2D Cursor* all'interno della *Curve Editor Area*.

Spuntando *Show Cursor* si attiva la visualizzazione dell'elemento orizzontale del *2D Cursor*.

Il pulsante *Cursor From Selection* posiziona il *2D Cursor* in corrispondenza dell'elemento selezionato (ad esempio un *keyframe*).

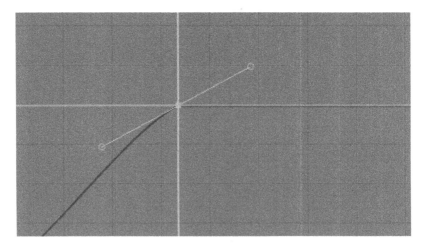

fig. 98 *Cursor From Selection*

I contatori *Cursor X* e *Cursor Y* consentono di digitare le coordinate esatte del *2D Cursor*. Accanto ai due contatori sono presenti i tasti *To Keys* (associati alla coordinata *x* e alla coordinata *y*). Essi spostano il *keyframe* o i *keyframe* selezionati sulla posizione *x* e *y* corrente del *2D Cursor*.

fig. 99 *To Keys* sposta il *keyframe* sul *2D Cursor* in *x* e in *y*

Il pannello **Active F-Curve** fornisce informazioni sulla curva di interpolazione del *keyframe* selezionato.

Le caselle *ID Type* e *RNA Array Index* forniscono informazioni sulla tipologia di evento selezionato e sull'indice assegnato al *datablock*. Si tratta di due caselle non modificabili.

La tavolozza *Color* definisce il colore assegnato automaticamente da Blender alla curva, mentre il menu a tendina *Display Color* consente di adattare la colorazione della curva secondo tre opzioni:

- *Auto Rainbow* incrementa la tonalità del colore della F-Curve sulla base dell'indice canale;

- *Auto XYZ to RGB*, secondo la posizione *xyz* dei punti della F-Curve, imposta automaticamente la tonalità di colore variandolo rispettivamente da rosso a verde a blu;

- *User Defined* permette di definire un colore personalizzato per la F-Curve attiva, permettendo la modifica personalizzata del colore, cliccando sulla casella colorata della tavolozza.

Il pannello **Active Keyframe** fornisce informazioni sul *keyframe* attivo.

Il menu a tendina *Interpolation* è molto utile per definire il comportamento e l'andamento della *F-Curve* tra un *keyframe* e l'altro.

Si pensi, ad esempio, di voler simulare l'andamento oscillante di una barca sulle onde. Sarà possibile, regolando le *F-Curve* relative alla rotazione rispetto all'asse di direzione della barca e rispetto all'asse verticale (z), ottenere un effetto molto realistico.

Oppure, impostando l'interpolazione come *Bounce*, verrà riprodotto l'andamento simile ad un rimbalzo progressivamente attenuato, utile ad esempio, nel caso si volesse simulare il rimbalzo di una palla.

Cliccando su *Interpolation* si aprirà un menu suddiviso in tre sezioni.

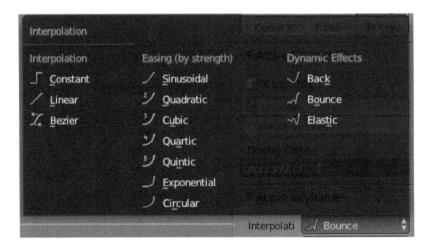

fig. 100 il menu *Interpolation*

- *Interpolation* definisce tre tipi di interpolazione tra i *keyframe*: *Constant* (costante), *Linear* (lineare) e *Bézier*;

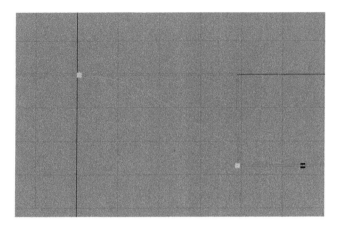

fig. 101 interpolazione impostata su *Constant* genera un salto netto di quota fra i valori dei due *keyframe*

- *Easing (by Strength)* definisce l'interpolazione di tipo matematico complesso (sinusoidale, quadratico, cubico, quarta potenza, quinta potenza, esponenziale e circolare);

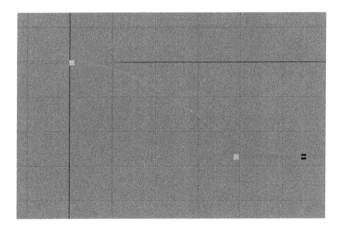

fig. 102 interpolazione impostata su *Exponential* genera un andamento esponenziale fra i valori dei due *keyframe*

- Dynamic Effects simula un effetto dinamico come *Back, Bounce* e *Elastic*.

fig. 103 l'interpolazione tra i due keyframe impostata come Bounce, simula, sul tratto della *F-Curve*, un andamento di rimbalzo attenuato nel tempo

Scegliendo l'interpolazione tra *Easing (by Strength)* e *dynamic Effects*, si attiverà un secondo menu, *Automatic Easing*, dal quale è possibile scegliere in che modo deve essere raccordata la *F-Curve* al *keyframe* finale di una selezione.

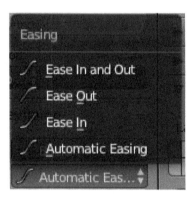

fig. 104 il menu *Automatic Easing*

A seconda del tipo di interpolazione, inoltre, possono attivarsi ulteriori opzioni specifiche.

La sezione *Key* consente di impostare manualmente i valori relativi al posizionamento orizzontale (*Frame*, nel tempo) o verticale (*Value*, valore) del *keyframe* selezionato.

fig. 106 le opzioni di posizionamento del *keyframe* nel *Graph Editor*

Nel pannello **Modifier** è possibile aggiungere alle *F-Curve* dei modificatori non distruttivi (allo stesso modo dei modificatori sugli oggetti), detti *F-Modifiers*, in modo da ottenere effetti più complessi.

Selezionando una curva, cliccando sull'icona a forma di altoparlante nel *Channels Region*, relativa a uno specifico evento (e quindi alla curva che ne rappresenta il comportamento), questa si colorerà di grigio chiaro.

fig. 107 selezione di una curva cliccando sull'altoparlante

A quel punto potrà essere applicato un modificatore, scelto fra quelli presenti nel pannello *Modifiers*.

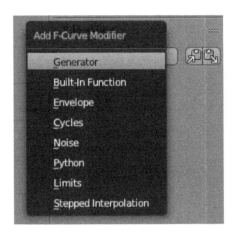

fig. 108 il menu *Add Modifiers*

Cliccando sul menu *Add Modifiers* è possibile scegliere fra *Generator, Built-In Function, Envelope, Cycles, Noise, Python, Limits* e *Stepped Interpolation*.

Così come per tutti i modificatori, è possibile creare una cascata di due o più effetti sulla curva.

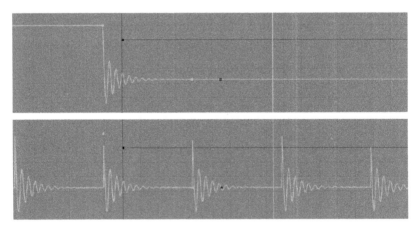

fig. 109 le due immagini mostrano la selezione di una curva in cui è stata impostata l'interpolazione *Elastic* e la stessa curva con il modificare *Cycles* applicato che determina un andamento ciclico dell'effetto elastico

- Il modificatore **Generator** crea una funzione polinomiale fattorizzata o estesa. Queste sono formule matematiche che rappresentano linee, parabole, e altre curve più complesse, a seconda dei valori definiti nei parametri:

    - *Additive*, che fa sì che il modificatore si aggiunga alla curva, anziché sostituirla;

    - *Poly Order*, che specifica l'ordine del polinomio, o la più alta potenza di x per questo polinomio.

- Il modificatore **Build-In Function** aggiunge ulteriori formule matematiche all'interpolazione. Sono disponibili: seno, coseno, tangente, radice quadrata, logaritmo naturale (*ln*), seno normalizzato (*sen (x) / x*). Sono disponibili i seguenti parametri di regolazione:

    - *Amplitude,* ampiezza, regolazione della scala in y;

    - *Phase* Multiplier, moltiplicatore della fase, regolazione della scala in x;

    - *Phase* Offset, scostamento di fase, regolazione dell'*offset* in x;

    - *Value* Offset, valore dell'*offset*, regolazione dell'*offset* in y.

- Il modificatore **Envelope** consente di regolare la forma complessiva di una curva con punti di controllo.

    - *Reference Value*: imposta il valore y;

    - *Min*: valore inferiore della distanza dal valore di riferimento;

    - *Max*: distanza superiore dal valore di riferimento;

    - *Add Point*: aggiunge una serie di punti di controllo;

81

- *Fra*: imposta il numero di *frame* per il punto di controllo;

- *Min*: specifica la posizione del punto di controllo inferiore;

- *Max*: specifica la posizione del punto di controllo superiore.

- Il modificatore **Cycles** permette di aggiungere il movimento ciclico di una curva che ha 2 o più punti di controllo. Le opzioni possono essere impostate per prima e dopo la curva.

Nella sezione *Cycle Mode*:

- *Repeat Motion*: ripete i dati della curva, pur mantenendo i loro valori di ogni ciclo;

- *Repeat With Offset*: ripete i dati della curva, ma compensa il valore del primo punto al valore dell'ultimo punto ogni ciclo;

- *Repeat Mirrored*: ogni ciclo i dati curva è capovolto rispetto all'asse x;

- *Before / After Cycles*: imposta il numero di volte per il ciclo dei dati.

- Il modificatore **Noise** modifica la curva secondo una formula di rumore. Questo è utile per creare casualità nei movimenti animati, come, ad esempio, il tremolio o le vibrazioni della camera.

Troviamo i seguenti parametri:

- *Replace*: aggiunge una funzione di rumore alla curva, impostando un valore tra - 0.5 a 0,5;

- *Add*: aggiunge una funzione di rumore alla curva con un valore da 0 a 1;

- *Subtract*: sottrae dalla curva una funzione di rumore definita dal valore da 0 a 1;

- *Multiply*: moltiplica una funzione di rumore alla curva per un valore da 0 a 1;

- *Scale* regola la dimensione complessiva del rumore. I valori maggiori di 0 danno rumore meno frequenti;

- *Strength* regola la scala y della funzione di rumore;

- *Phase* regola l'andamento casuale del rumore;

- Depth regola il livello di dettaglio della funzione di rumore.

- Il modificatore **Limits** limita la curva a valori compresi in una gamma di valori in x e in y.

- *Minimum / Maximum X*: impone un *range* in x fra i due valori limite;

- *Minimum / Maximum Y*: impone un *range* in y fra i due valori limite;

- Il modificatore **Stepped** impone alla curva un aspetto a gradini arrotondati.

- *Step Size*: specifica il numero di passi per ogni fotogramma;

- *Offset*: definisce il numero di riferimento di fotogrammi;

- *Use Start Frame*: limita al modificatore a un solo intervento prima della sua chiusura;

- *Use End Frame*: impone al modificatore di agire solo dopo lo *start*.

2.5.4. La *header*

fig. 110 la *header* del *Graph Editor*

La *header* del *Graph Editor* non differisce molto da quella del *Dope Sheet*.

Il menu **View** dispone di tutti gli strumenti necessari per la visualizzazione.

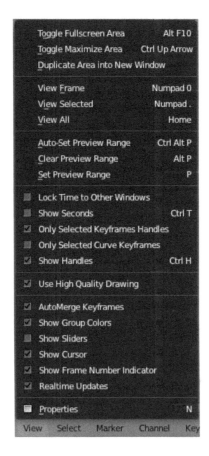

fig. 111 il menu *View*

84

- *Properties* (tasto N), attiva o disattiva la *Properties bar*.

Di seguito vi sono un gruppo di 6 spunte relativa alla visualizzazione di alcune opzioni.

- *Realtime Updates* aggiorna in tempo reale l'animazione al variare dei *keyframes* e delle *F-Curve*;

- *Show Frame Number Indicator* mostra l'indicatore del numero del fotogramma alla base del *2D Cursor*;

- *Show Cursor* mostra il segmento orizzontale del *2D Cursor*;

- *Show Sliders* mostra i cursori accanto agli eventi nella *Channels Region*;

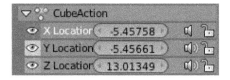

fig. 112 *Show Sliders* attivato

- *Show Group Colors* mostra gruppi e canali con colori corrispondenti tra di loro paragonati;

- *Automerge Keyframes* fonde automaticamente *keyframe* sovrapposti o troppo vicini.

- *Use High Quality Drawings* (CTRL + N) migliora la qualità grafica delle curve.

- *Show Handles* mostra le maniglie alla selezione di ogni *keyframe*.

- *Only Selected Curve Keyframes* fa in modo che soltanto i *keyframe* delle curve selezionate siano visibili.

- *Only Selected Keyframes Handles* mostra soltanto le maniglie dei *keyframe* selezionati.

- *Show Seconds* (CTRL + T) mostra i secondi sulle ascisse.

- *Lock Time to Other Window* blocca il tempo su tutte le altre finestre del progetto.

- *Set Preview Range* (P) definisce una regione con una selezione a trascinamento in cui visualizzare l'anteprima dell'animazione fra un fotogramma e un altro. L'area selezionata si colora di grigio chiaro.

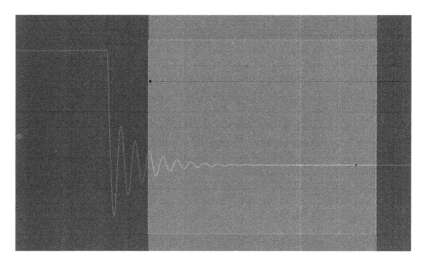

fig. 113 *Set Preview Range*

- *Clear preview Range* (ALT + P) elimina la selezione precedente.

- *Auto Set Preview Range* definisce un *range* in automatico per il *preview* dell'animazione.

- *View All* (HOME) mostra massimizzati ogni *keyframe* e ogni *F-Curve* dell'animazione.

- *View Selected* (. NUM) massimizza la visualizzazione dei *keyframe* selezionati.

- *View Frame* (0 NUM) massimizza e visualizza in primo piano la sezione di animazione in cui è posizionato il *2D Cursor*.

- *Duplicate Area Into New Window*, *Toggle Maximize Area* e *Toggle Fullscreen Area* sono strumenti di visualizzazione delle finestre già trattati in precedenza.

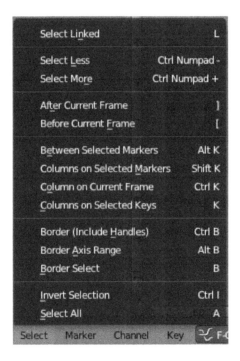

fig. 114 il menu *Select*

Il menu **Select** contiene gli strumenti legati alla selezione.

- *Select All* (A) seleziona ogni *keyframe* dell'animazione.

- *Invert Selection* (CTRL + I) inverte la selezione.

- *Border Select* (B) permette la selezione rettangolare (*box selection*).

- *Border Axis Range* (ALT + B) eseue una selezione in un range (simile all'omonima funzione in ambiente di *rendering*.

- *Border (Include Handles)* (CTRL + B) effettua una selezione rettangolare includendo le maniglie dei *keyframe* interni alla selezione.

- *Column On Selected Keys* (K) e *Column Of Current Frame* (CTRL + K) selezionano tutti i *keyframe* ad uno specifico fotogramma.

- *Column Of Selected Markers* (ALT + K) seleziona tutti i *keyframe* ad uno specifico *marker*.

- *Before Current Frame* e *After Current Frame* seleziona tutti i *keyframe* prima o dopo il fotogramma corrente (in cui è posizionato il *2D Cursor*).

- *Select Less* (CTRL – NUM) e *Select More* (CTRL + NUM) effettua una deselezione o una selezione in più rispetto al *keyframe* attivo.

- *Select Linked* (L) seleziona tutti i fotogrammi collegati a quelli selezionati.

Il menu **Marker** è identico a quello relativo alla *Timeline*.

Il menu **Channel** contiene gli strumenti utili per il controllo dei singoli eventi (o canali) presenti nella *Channels Region*.

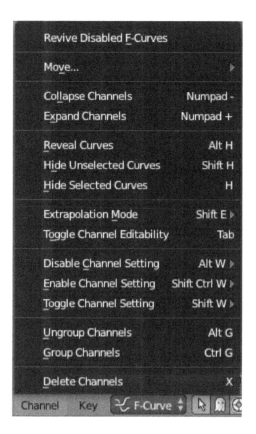

fig. 115 il menu *Channel*

- *Delete Channel* (X o CANC) elimina l'evento selezionato nella *Channels Region* e tutti i *keyframe* ad esso legati.

- *Group Channels* (CTRL + G) raggruppa gli eventi selezionati.

- *Ungroup Channels* (ALT + G) estrae da un raggruppamento gli eventi selezionati.

- *Toggle Channel Settings* (SHIFT + W) permette di proteggere o spegnere (le stesse funzioni del lucchetto e dell'altoparlante) di uno o più canali selezionati.

89

- *Enable Channel Settings* (SHIFT + CTRL + W) riattiva la protezione e lo spegnimento dei canali selezionati.

- *Disable Channel Settings* (ALT + W) disattiva le funzioni precedenti.

- *Toggle Channel Editability* (TAB) impedisce qualsiasi modifica al canale, fino a nuova pressione del tasto TAB.

- *Extrapolation Mode* (SHIFT + E) definisce l'andamento in entrata o in uscita di una *F-Curve* prima o dopo un *keyframe*.

- *Hide Selected Curves* (H) nasconde dalla vista le curve selezionate.

- *Hide Unselected Curves* (SHIFT + H) nasconde dalla vista le curve non selezionate.

- *Reveal Curves* (ALT + H) rende visibili le curve nascoste.

- *Expand Channels* (+NUM) espande un canale mostrando tutti gli eventi nella *Channels Region*.

- *Collapse Channel* (-NUM) collassa tutti gli eventi all'interno del canale, nascondendoli dalla vista della *Channels Region*.

- *Move* apre un sottomenu in cui si definisce dove posizionare il canale o l'evento selezionato nella cascata, rispetto agli altri.

- *Revive Disabled F-Curves* riattiva tutte le funzionalità di modifica delle curve bloccate dal lucchetto.

Il menu **Key** contiene gli strumenti per la gestione dei *keyframe*.

- Gli strumenti *Transform, Snap, Mirror, Insert keyframes, Jump To Keyframe, Duplicate, Delete Keyframes, Clean Keyframes,*

Copy Keyframes, Sample Keyframes e *Paste Keyframes* sono stati già descritti nell'omonimo menu del *Dope Sheet*.

fig. 116 il menu *Key*

91

- *Add F-Curve Modifier* (SHIFT + CTRL + M) aggiunge un modificatore alla *F-Curve*, in modo analogo alla stessa funzione presente nella *Properties Bar*.

- *Bake Sound to F-Curve* congela un suono assegnato su una *F-Curve* selezionata.

- *Handle Type* (V) definisce, come per le *curve* il tipo di maniglia, tra *Free*, *Vector*, *Alligned*, *Automatic* e *Auto Clamped*.

fig. 117 *Handle Type*

- *Interpolation Mode* (T) permette di scegliere dal menu il tipo di interpolazione tra *keyframe*, come già visto nella *Properties Bar*.

- *Easing Type* (CTRL + E) per alcuni tipi di interpolazione, definisce il metodo di raccordo.

- *Smooth Keys* (ALT + O) applica un algoritmo di smussatura ponderata sulla curva selezionata per ammorbidire le curvature meno morbide e più spigolose.

- *Bake Curve* (ALT + C) congela la forma della *F-Curve* in una sequenza di punti che definiscono una curva.

- *Discontinuity Eurler Filter* aggiusta salti di quota eccessivi dei keyframes derivanti dai valori delle rotazioni.

A seguito dei menu, vi sono una serie di pulsanti, molti dei quali del tutto analoghi a quelli già incontrati nel *Dope Sheet*.

I tre pulsanti rappresentanti una freccia bianca, un piccolo fantasma e un salvagente consentono di visualizzare rispettivamente nel *Dopesheet*:

- i *keyframe* relativi agli oggetti selezionati nella 3D view (freccia);

- i *keyframe* relativi agli oggetti nascosti o non visibili (fantasmino);

- i *keyframe* relativi ad oggetti e dati contenenti errori (salvagente).

La lente di ingrandimento attiva una casella di testo in cui poter scrivere i dati relativi a oggetti o *keyframes* che si intendano visualizzare.

Il pulsante *Filters* (se premuto il simbolo +) attiva alcuni pulsanti che permettono di visualizzare le opzioni e i dati dei *keyframe* relativi a specifiche tipologie di oggetto e della scena (oggetti, impostazioni dell'ambiente *World*, relazioni, trasformatori, modificatori, materiali, luci, *texture*, camera e *Linestyle*).

La spunta *Normalize* tende ad appiattire i *keyframe* della curva selezionata.

In modo analogo al *Proportional Editing* nella 3D view, quello relativo ai *keyframe* è presente nell'*header* e può essere attivato dal pulsante con il cerchietto, scegliendo il tipo di *Falloff* e lo *Snap*.

Gli ultimi pulsanti consentono di copiare e incollare i *keyframe* selezionati nel *buffer* per poter essere esportati in un progetto differente.

 ESERCIZIO n. 5: UNA PALLA CHE RIMBALZA

Un semplice esercizio per far comprendere l'utilità del *Graph Editor* e l'uso dei *keyframes* può essere rappresentato da una pallina che rimbalza.

93

Se non ci si accontenta degli effetti dinamici del *Rigid Body*, possiamo lavorare sulla manipolazione dei *keyframe*.

Inseriamo nella scena un piano e una sfera che proporzioneremo adeguatamente.

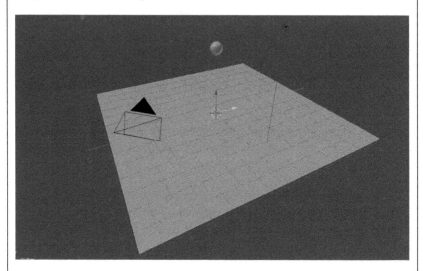

fig. 118 inserimento di una sfera e un piano.

Fissiamo un *keyframe* sulla posizione della sfera al fotogramma n. 1, digitando i con il puntatore del mouse su uno dei contatori *Location*.

Le caselle si coloreranno di giallo.

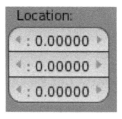

fig. 119 inserimento del *keyframe* al fotogramma n. 1

Posizioniamoci al fotogramma n. 100 e spostiamo la sfera in modo da poggiarsi sul piano.

Fissiamo un nuovo *keyframe* col tasto I sui contatori *Location*.

fig. 120 secondo *keyframe* al fotogramma n. 100

Posizioniamoci ora al fotogramma n. 150 e spostiamo la sfera in direzione x di una quantità a piacere.

Fissiamo anche in questo caso un nuovo *keyframe*.

Lanciando l'animazione, la sfera cadrà dall'alto sbattendo sul piano al fotogramma n. 100 e si sposterà in direzione x, fino a fermarsi al fotogramma n. 150.

95

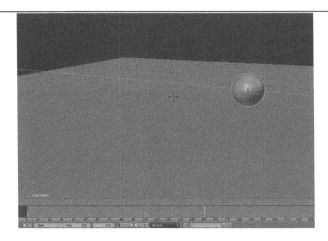

fig. 121 spostamento in direzione x della sfera e terzo *keyframe* al fotogramma n. 150

Apriamo ora il *Graph Editor* e selezioniamo il canale z (curva blu), quindi i primi due *keyframe*.

Dal menu *Key*, clicchiamo su *Interpolation Mode* e scegliamo *Linear*.

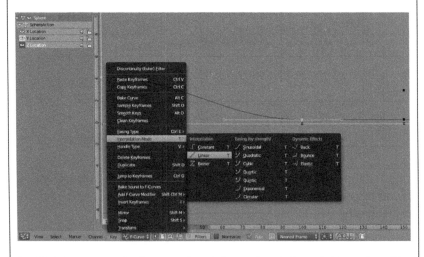

fig. 122 dal menu *Key* e il sottomenu *Interpolation Mode*, selezionando *Linear*, si modifica l'andamento della *F-Curve*

96

Il tratto di curva avrà un andamento lineare, definendo una caduta netta e non addolcita.

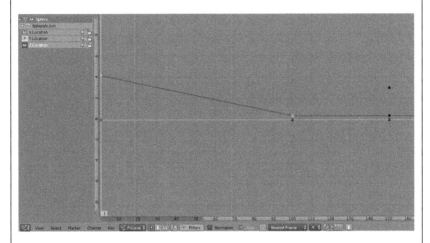

fig. 123 *Linear Interpolation Mode*

Selezioniamo ora il secondo e il terzo *keyframe* della stessa curva.

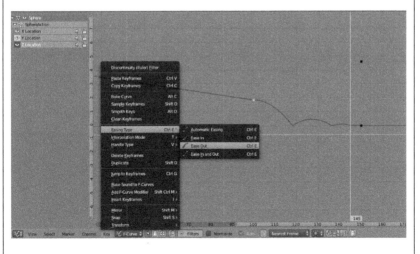

fig. 124 *Interpolation Mode* su *Bounce* e *Easing* Type su *Ease Out*

97

Dal menu *Key*, scegliamo Bounce dal sottomenu *Interpolation Mode*.

Quindi, dal sottomenu *Easing Type*, scegliamo *Ease Out* per disegnare i rimbalzi in direzione y della sfera durante il tratto in cui si sposta orizzontalmente.

Lanciando l'animazione, la sfera cadrà dall'alto e rimbalzando, smorzerà la dinamica fino a fermarsi.

Naturalmente possiamo regolare la posizione dei *keyframe* e dei rispettivi valori, ottenendo velocità diverse di caduta (scalando, ad esempio, in direzione x i *keyframes*).

2.5. NLA Editor

L'ultimo editor relativo all'animazione è detto **NLA Editor**, dove per *NLA* si intende *Non-Linear Animation*.

Questo *editor* consente di manipolare e riutilizzare le azioni, senza dover agire sui singoli fotogrammi chiave (*keyframe*).

È spesso usato per eseguire modifiche significative su intere animazioni di una scena, con relativa facilità.

La struttura della finestra è simile a quella del *Dope Sheet*, con una *Tracks Region* (sulla sinistra) e una *Strips Area*, in cui aprire se necessario la relativa *Properties Bar* con la pressione del tasto N.

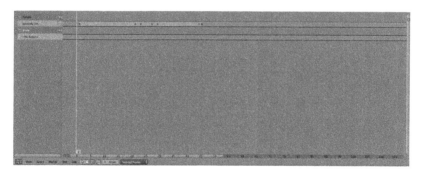

fig. 125 *NLA Editor*

2.6.1. *Tracks e Strips*

Come dovreste aver già intuito, tutti gli eventi causati dai *keyframe* vengono raggruppati in una traccia che consente di controllarli tutti insieme senza dover operare delle modifiche.

99

Ogni oggetto della scena alle cui dinamiche sono stati associati dei *keyframe*, viene qui rappresentato, nella *Tracks Region*, diviso per tracce (*Tracks*).

Le *Strips*, invece (letteralmente "*strisce*") sono rappresentazioni grafiche dei gruppi di eventi contenuti nella traccia e visualizzate nella *Strips Area*. Queste sono di tre tipi: Actions (azione), *Transitions* (transizione) e *Meta*. Le azioni contengono i dati effettivi dei fotogrammi chiave (*keyframe*), le transizioni eseguono calcoli tra le azioni, le *Meta* raggruppano insieme differenti Strips.

Per fare un esempio parallelo circa il funzionamento dell'*NLA Editor*, per chi conosce la musica, si pensi ad un *sequencer* audio o MIDI, ad esempio *Cubase*, *Pro Tools* e *Logic*; ma anche ai *software* di *editing* e montaggio video come *Premiere*, *Final Cut* e *Screen Flow*... Tutti sono organizzati, bene o male, alla stessa maniera: una regione in cui richiamare le tracce e un'area di *editing* e montaggio in cui sono rappresentate delle strisce orizzontali, che contengono i dati (audio, MIDI o video che siano).

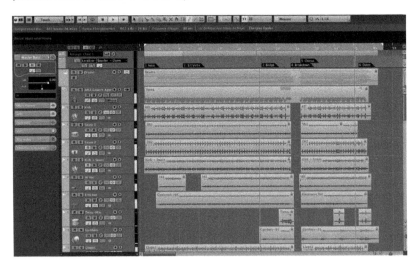

fig. 126 l'interfaccia grafica di *Cubase* è organizzata in modo analogo all'*NLA Editor* con una regione che sopita le varie tracce e, in corrispondenza di queste, le strisce che contengono i dati audio

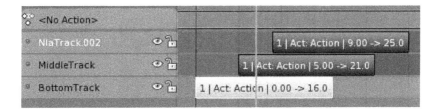

fig. 127 tracce (*Tracks*) e strisce contenenti i dati (*Strips*) dell'*NLA Editor*

Ogni azione, transizione o *Meta* può derivare dall'inserimento preventivo di *keyframe* o creata da zero dal menu.

2.6.2 La *Tracks Region*

La struttura della *Tracks Region* è organizzata secondo la logica "*oggetto – azione – traccia*".

Espandendo l'oggetto, apparirà l'azione, dentro alla quale saranno contenute le tracce.

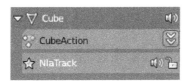

fig. 128 organizzazione della *Tracks Region*

Così come tutti gli eventi, anche le tracce dell'*NLA Editor* possono essere bloccate o spente cliccando sulle icone a forma di lucchetto o altoparlante sulla destra.

fig. 129 tracce e strisce

101

2.6.3. La *Strips Area*

Come detto, all'interno di quest'area, sono contenute le *strips* (o strisce) che contengono i dati.

Analogamente al *Dope Sheet*, si può navigare all'interno della *Strips Area*, grazie all'uso del mouse. È possibile zoomare, selezionare, e spostare il *panning* e le *Strips*.

Tali strisce possono essere editate, unite, copiate e rimosse grazie agli strumenti disponibili nell'*header*, come vedremo in seguito.

2.6.4. La *sidebar Properties*

La *sidebar Properties* può essere visualizzata o nascosta premendo il tasto N all'interno della *Strips Area*.

In questa sottofinestra sono contenute tutte le informazioni e le proprietà relative alle tracce, le azioni e le *strips* presenti nell'*NLA Editor*.

Analizziamo i pannelli e le funzionalità.

Il pannello **Animation Data** contiene tutte le informazioni sull'azione selezionata.

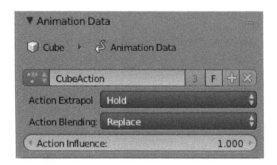

fig. 130 il pannello *Animation Data*

Nella casella superiore del pannello è possibile visualizzare e/o rinominare il nome dell'azione, eventualmente richiamandola tra azioni esistenti o duplicandone una per poi modificarla successivamente, un po' con lo stesso metodo che si applica per i materiali.

Il menu *Action Extrapolation* definisce l'azione da intraprendere per colmare eventuali lacune.

Il menu *Action Blending* definisce il metodo utilizzato per la soluzione al problema individuato.

Action Influence determina quanto l'azione verrà corretta.

Il pannello **Active Track** definisce il nome della traccia selezionata,

fig. 131 il pannello *Active Track*

Il pannello **Active Strip** definisce le proprietà della *strip* corrente.

È possibile visualizzare e definire il nome (*Name*) e il tipo (*Type*).

Nella sezione *Strip Extents* (*Strat Frame* e *End Frame*) si definiscono l'inizio e la fine dell'evento (striscia) espressi dal fotogramma iniziale e finale.

Extrapolation e *Blending* hanno le stesse funzionalità già definite per *Animation Data*.

Auto Blend In/out (*Blend In* e *Blend Out*) impostano il numero dei fotogrammi all'inizio o alla fine della *strip* che abbiano un effetto di *fade in* e *fade out*.

Nella sezione *Playback Settings* è possibile spuntare due opzioni: *Muted* (per non considerare gli eventi della *strip*) e *Reversed* (per invertire l'odine degli eventi in essa contenuti).

fig. 131 il pannello *Active Strip*

Nel pannello **Action Clip** sono contenuti i dati della *strip*, come, pe un oggetto, vengono visualizzati i dati di trasformazione.

Action visualizza il nome dell'azione.

I parametri *Action Extents* hanno la stessa funzionalità di quelli già analizzati in precedenza.

La spunta *Sync Length* esegue l'*update*, dopo la modifica delle *strips*.

Nella sezione *Playback Settings* è possibile definire il fattore di scala (*Scale*) e il numero di ripetizioni dell'azione (*Repeat*). Si pensi ad esempio al moto ciclico di una camminata che verrà ripetuto più volte.

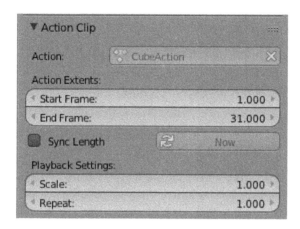

fig. 133 il pannello *Action Clip*

Nel pannello **Evaluation** è possibile determinare il grado di influenza che ha la *strip* sull'animazione (*Animated Influence*) e la durata della *strip* (*Strip Time*).

fig. 134 il pannello *Evaluation*

Nell'ultimo pannello, **Modifiers**, è possibile applicare alle *strips* gli stessi modificatori già spiegati nel *Graph Editor*, agendo globalmente su tutti gli eventi in esse contenuti.

fig. 135 il pannello *Modifiers*

2.6.5. La *header*

fig. 136 la *header* dell'*NLA Editor*

A meno del pulsante *Data Block*, che include nella visualizzazione delle *strips* i *data block* degli oggetti e degli eventi, tutti gli altri strumenti sono identici a quelli già analizzati nel *Graph Editor* e nel *Dope Sheet*.

fig. 137 il pulsante *Data Block*

Cambiano invece alcune funzionalità e le opzioni presenti nei menu della *header*.

Mentre i menu **View**, **Select** e **Marker** contengono le stesse opzioni presenti negli *editor* analoghi *Dope Sheet* e *Graph Editor*, i menu *Edit* e *Add* sono specifici per l'*NLA Editor*.

Il menu **Edit** contiene gli strumenti utili per la modifica delle *strips*.

106

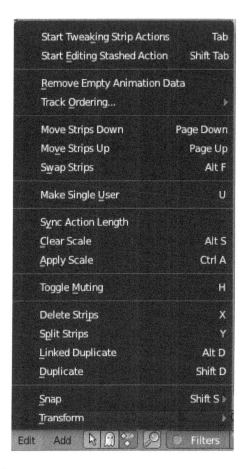

fig. 138 il menu *Edit*

- Il sottomenu *Transform* contiene gli strumenti di trasformazione *standard* di ogni oggetto;

- Il sottomenu *Snap* definisce in che modo le *strips* selezionate debbano agganciarsi ai *frame* e alle altre *strips*;

- *Duplicate* (SHIFT + D) consente di duplicare le *strip* selezionate in una nuova traccia;

107

fig. 139 duplicazione di una *Strip*

- *Linked Duplicate* (ALT + D) crea una istanza dell'originale;

- *Split Strips* (Y) esegue un taglio della *strip* selezionata, suddividendola in due parti separate in corrispondenza del cursore verde;

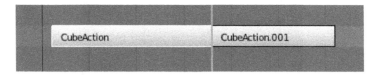

fig. 140 *split* della *strip* in due parti

- *Delete Strips* (X o CANC) elimina le *strips* selezionate;

- *Toggle Muting* (H) attiva o disattiva le *strips* selezionate;

- *Apply Scale* applica la scalatura eseguita su una *strip*;

- *Clear Scale* esegue un *reset* sulla scala originale di una *strip*;

- *Sync Action Length* sincronizza automaticamente la lunghezza delle azioni contenute in una *strip* con la lunghezza della *strip* stessa;

- *Make Single User* (U) fa in modo che ogni azione sia utilizzata solo una volta nella *strip* selezionata;

- *Swap Strips* (ALT + F) scambia l'ordine delle *strips* selezionate in una traccia;

108

- *Move Strips Up* (PAGE UP) e *Move Strips Down* (PAGE DOWN) sposta in alto o in basso le *strips* selezionate rispetto a quelle non selezionate;

- *Track Ordering* posiziona le tracce selezionate nella *Tracks Region* rispetto a quelle non selezionate secondo le opzioni disponibili nel sottomenu;

- *Remove Empty Animation Data* consente di rimuovere i dati vuoti nell'animazione;

- *Start* (Stop) Editing *Stashed Action* (SHIFT + TAB) entra (o esce) in modalità *editing* di una *strip* nascosta;

- *Start (Stop) Tweaking Strip Action* (TAB) entra (o esce) in modalità *editing* di una *strip*.

Il menu **Add**, infine, raccoglie tutti i comandi utili per aggiungere azioni, transizioni e *Meta*.

fig. 141 il menu *Add*

- *Add Action Strip* (SHIFT + A) consente di inserire una nuova *strip* di tipo *Action*;

- *Add Transition* (SHIFT + T) esegue una specifica transizione tra due *strips* adiacenti nella stessa traccia, in modo analogo alle transizioni audio o video dei programmi di montaggio;

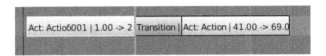

fig. 142 una transizione fra due *Strips* adiacenti

- *Add Sound Clip* (SHIFT + K) aggiunge una *strip* dedicata al controllo di un suono;

- *Add Meta-Strip* (SHIFT + G), qualora vi trovaste nelle condizioni di visualizzare un numero elevato di *strips*, selezionando quelle desiderate, è possibile raggrupparle in una unica *strip*, detta *Meta-Strip*, che può essere spostata e duplicata come una *strip* normale;

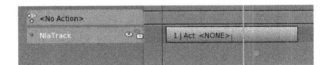

fig. 143 *Meta-Strip*

- *Remove Meta-Strips* separa le *strips* contenute in una *Meta-Strip* selezionata;

- *Add Tracks* aggiunge nella *Tracks Region* una nuova traccia prima o dopo quella selezionata;

- *Add Tracks Above Selected* aggiunge una traccia sopra quella selezionata nella *Tracks Region*;

- *Include Selected Objects* fa in modo che gli oggetti selezionati nella 3D view appaiano nella *Tracks Region* dell'*NLA Editor*.

110

2.6.6. Editing delle *Strips*

Tutte le *strips* selezionate possono essere modificate, ma per eseguire le modifiche è necessario essere in *Tweak Mode*, scegliendo l'opzione *Start Tweaking Action Strip* dal menu *Edit* o con la *shortcut* TAB.

Selezionando una *strip* e digitando TAB, essa diviene di colore verde, ad indicare che si trova in modalità *editing*.

fig. 144 una *strip* in modalità *editing* (Start Tweaking *Action Strip*)

In questa modalità, tutti i *keyframe* contenuti nella *strip* subiranno le modifiche (ad esempio lo spostamento) della *strip*.

Qualora fosse invece necessario mantenere la posizione originale dei *keyframe* durante lo spostamento della *strip*, occorre cliccare sull'icona a forma di puntina accanto alla traccia.

Per uscire dalla modalità di *editing*, è sufficiente digitare nuovamente TAB o scegliere l'opzione *Stop Tweaking Action Strip* dal menu *Edit*.

111

3
MODELLAZIONE DI UN CHARACTER

3.1. Introduzione

Esistono tanti modi per modellare. Non esiste una regola precisa.

Il *3D artist*, in base alla morfologia dell'oggetto da riprodurre in 3D e alla propria esperienza, dovrebbe essere in grado di definire la linea base che intenderà seguire.

L'esperienza stessa detterà le regole principali. L'occhio esperto gli permetterà di individuare subito gli elementi chiave della modellazione di un determinato oggetto.

Fino al quel momento, non abbiate assolutamente remore a schematizzare su carta le linee guida che intendete seguire, graficamente o con l'ausilio di note e appunti.

Un modello iniziato male sarà difficilmente correggibile e potrebbe capitare di dover ricominciare da capo.

La modellazione di un *character*, vale a dire un personaggio, sia esso antropomorfo, piuttosto che un animale, sia esso realistico piuttosto che caricaturale, richiede una precisa scelta iniziale circa il metodo da seguire.

Di metodi validi ce ne sarebbero a dozzine ed elencarli tutti sarebbe una follia.

Ci limiteremo quindi, nelle prossime pagine di questo capitolo dedicato, a evidenziare tre metodologie di lavoro per la creazione di un *character*, tutte valide.

Queste metodologie sono profondamente e concettualmente diverse tra loro, ma tutte hanno un elemento comune di fondamentale importanza: il riferimento.

115

Come abbiamo visto in precedenza, durante la modellazione di un bicchiere, l'ausilio di un modello di riferimento, detto *blueprint* è stato di grande aiuto.

Un personaggio, in particolare richiede una grande quantità di informazioni per poter essere riprodotto fedelmente.

fig. 145 il *blueprint* del personaggio

Il personaggio raffigurato nel *blueprint* dovrà essere rappresentato quantomeno in vista frontale e in vista laterale, meglio se anche da dietro e dall'alto.

Più informazioni avremo, migliore sarà la precisione.

Il modello di riferimento (Sackboy blueprint.jpg) sarà molto semplice e sarà raffigurato in vista frontale e laterale.

Il primo metodo che utilizzeremo è detto *"per estrusione"* di facce.

116

3.2. Modellazione per estrusione

Per realizzare il modello partiremo da una semplice primitiva, come spiegato nell'esercizio di seguito.

 ESERCIZIO n. 6: MODELLAZIONE DEL *CHARACTER* PER ESTRUSIONE

Per prima cosa, inseriamo il *blueprint* come immagine di *background* nella scena 3D.

Centriamo l'immagine in modo che la vista frontale sia speculare in visualizzazione 1 NUM e la vista laterale in visualizzazione 3 NUM.

Assicuriamoci che siano scalati allo stesso modo.

Dalla *sidebar Properties*, nel pannello *Background* carichiamo l'immagine e impostiamola in vista *Front*.

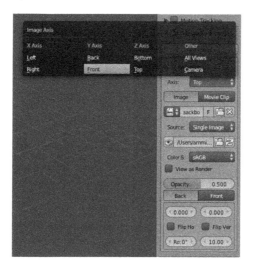

fig. 146 inserimento del *background* in vista frontale dell'immagine

117

Clicchiamo sulla spunta *Flip Orizontal* per specchiare l'immagine e trasliamola orizzontalmente di 2.35, in modo che la figura sia centrata rispetto all'asse delle z.

fig. 147 posizionamento del *Blueprint* in vista *Front* (1 NUM)

Apriamo una seconda immagine *Background* e ricarichiamo la stessa immagine, impostandola ora come vista *Right*.

Clicchiamo nuovamente su *Flip Orizontal* e trasliamola, sempre in orizzontale di 2.8.

A questo punto il riferimento è impostato e possiamo iniziare a modellare su esso.

La prima cosa da fare è fissare la visualizzazione *Wireframe* digitando Z.

118

Raddoppiamo la 3D view. In quella a sinistra impostiamo la vista frontale (1 NUM), mentre in quella a destra la vista laterale (3 NUM).

Inseriamo nella scena un cilindro con base a 6 lati e scaliamolo in modo che contenga al suo interno il corpo del *character*.

fig. 148 inserimento del cilindro e posizionamento in corrispondenza del tronco

Entriamo in *Edit Mode* e suddividiamo orizzontalmente il cilindro in 5 *loop*.

Quindi scaliamo adeguatamente i vertici in modo da ottenere una forma grossolana e spigolosa del tronco.

Questa operazione va eseguita in vista frontale e laterale nello stesso tempo.

Poiché il *character* è simmetrico, possiamo eliminare metà del cilindro 8ad esempio a destra) e applicare alla *mesh* il modificatore *Mirror* su x, spuntando *Clipping* per evitare sovrapposizione di vertici.

I questo modo sarà più semplice modellare solo metà *character*.

119

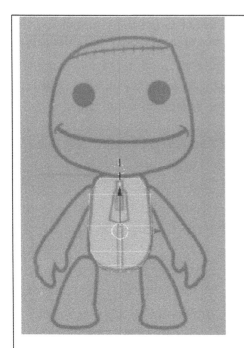
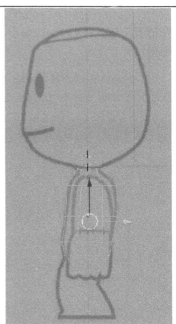

fig. 149 modellazione del corpo

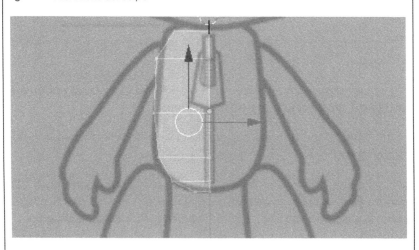

fig. 150 eliminazione della metà della *mesh* e applicazione del modificatore *Mirror*

Aggiungiamo due *loop* fra la spalla e l'ascella e riposizioniamo adeguatamente i vertici in modo da ottenere un'area pronta per essere estrusa per la modellazione delle braccia.

fig. 151 modellazione delle braccia per estrusione

Estrudiamo le due aree che si sono venute a creare. Spostiamo e ruotiamo le facce estruse, seguendo la direzione del braccio.

Scaliamo esternamente verso y i vertici centrali del gomito per allargarli secondo figura.

fig. 152 scalatura dei vertici del gomito

Procediamo ancora con una nuova estrusione (rotazione e scalatura) delle facce fino al polso.

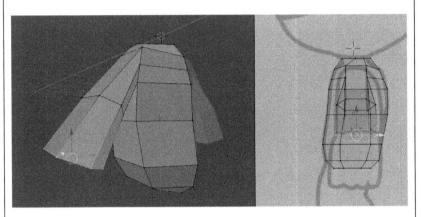

fig. 153 scalatura delle facce fino al polso

Estrudiamo ancora fino al margine della mano in vista 3 NUM.

Poiché le due proiezioni ortogonali del *blueprint* non sono attendibili per quanto riguarda la mano, dovremo proseguire con un po' di fantasia, seguendo solo una delle due viste, ad esempio quella laterale (3 NUM).

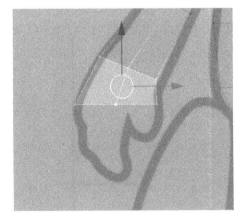

fig. 154 estrusione della mano

Eseguiamo sul braccio alcuni *loop* verticali, in modo da poter definire una suddivisione della mano per le 4 dita lunghe (indice, medio, anulare e mignolo).

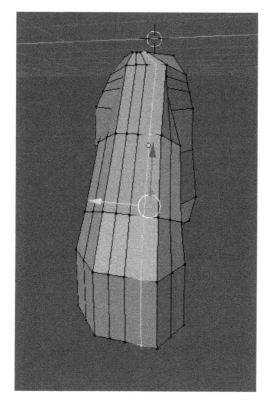

fig. 155 *loop* del braccio per la definizione delle dita

Prima di estrudere le dita, solleviamo i vertici estremi a destra e a sinistra di pochi *pixel*, quanto basta per evitare che siano allineati con gli altri.

Poi abbassiamo di pochi *pixel* anche quelli centrali.

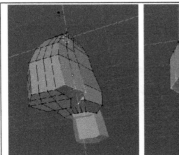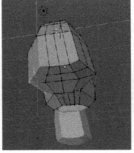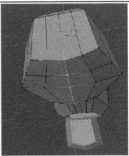

fig. 156 modifica delle altezze dei vertici

Selezioniamo ora le 4 facce esterne da cui partono le dita lunghe e, nella *Tools Shelf* clicchiamo sul pulsante *Extrude Individual*. Estrudendo individualmente le facce verso il basso.

fig. 157 *Extrude Individual*

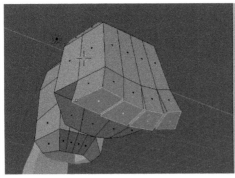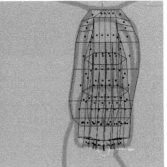

fig. 158 estrusione delle facce delle dita

A questo punto passiamo al pollice.

Prima di estrudere, dobbiamo modellare il resto della mano spostando verso l'alto i vertici all'estremità in basso.

Trasleremo sapientemente i vertici in modo da dimensionare correttamente l'area di estrusione per il pollice.

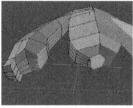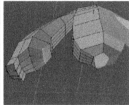

fig. 159 operazione di trasformazione dei vertici della mano

Estrudiamo ulteriormente sia le dita lunghe sia il pollice, scalando e traslando i vertici in modo da assumere una posa più naturale.

Si consideri che il *character* scelto in questo esercizio non è certamente un personaggio realistico.

Risulterebbe inutile, in questo caso, insistere con eccessivi dettagli, come la realizzazione di tutte le falangi.

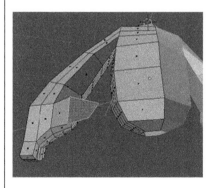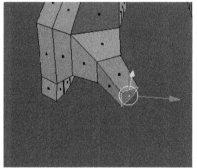

fig. 160 seconda estrusione del pollice

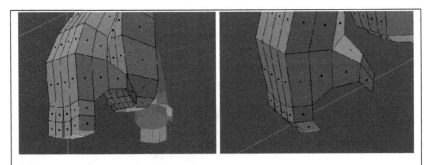

fig. 161 seconda estrusione delle altre dita e traslazione dei vertici

In questa fase le braccia e le mani sono state definite, benché con un minimo di licenza rispetto all'originale.

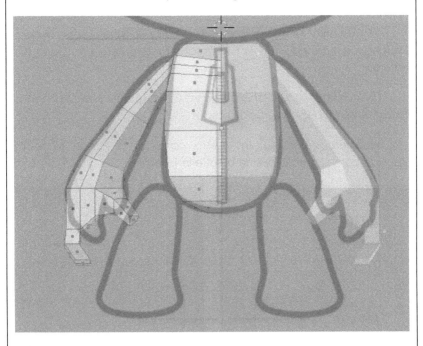

fig. 162 tronco e braccia completati

126

Possiamo ulteriormente ritoccare e rifinire la geometria della mano e delle dita, traslando alcuni vertici e scalando individualmente le facce relative ai polpastrelli.

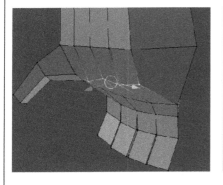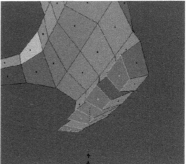

fig. 163 riposizionamento di alcuni vertici della mano e scalatura individuale delle facce dei polpastrelli

fig. 164 *Individual Origin*

Procederemo ora con la modellazione delle gambe.

Inseriamo in *Object Mode* un cerchio a 16 lati e, in *Edit Mode*, digitiamo F per riempire l'area.

Posizioniamo e scaliamo il cerchio in prossimità del piede.

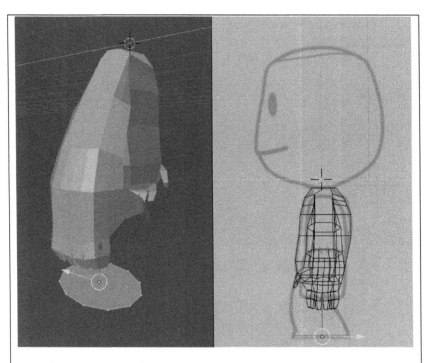

fig. 165 inserimento del cerchio alla base del piede

Azzeriamo la scala e la *Location* con CTRL + A e, nuovamente in *Edit Mode*, procediamo per estrusioni successive seguendo il dimensionamento in x e in y nelle due viste.

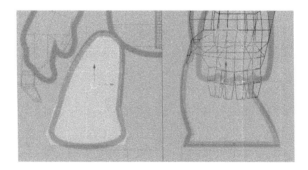

fig. 166 completamento della modellazione della gamba

Al termine del processo, in *Object Mode*, selezioniamo la gamba, quindi il resto del corpo e uniamo le *mesh* digitando CTRL + J.

Anche i vertici appartenenti alla gamba subiranno l'influenza del *Mirror*.

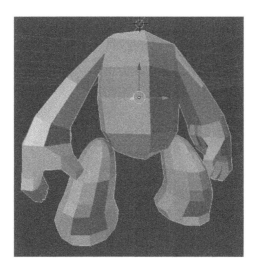

fig. 167 unione della gamba con il corpo

Entriamo nuovamente in *Edit Mode* e aggiungiamo un *loop* verticale avanti e uno dietro per meglio definire la geometria e le curvature del corpo del *character*. Una volta inseriti trasliamoli verso l'esterno del corpo per arrotondare il tronco.

fig. 168 *loop* di definizione della geometria

Per chiudere la *mesh* nella parte superiore, onde evitare facce ennagonali, selezioniamo i 4 vertici laterali della sommità ed estrudiamoli fino ad incontrare l'asse y.

Chiudiamo con F le facce rimanenti selezionando i 4 vertici.

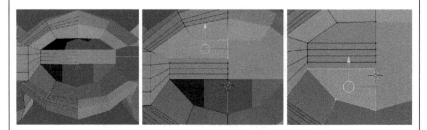

fig. 169 chiusura delle facce superiori del tronco

Analogamente operiamo nella parte inferiore, estrudendo i vertici, dividendo le nuove aree in due con un *loop* e creando le nuove facce quadrangolari.

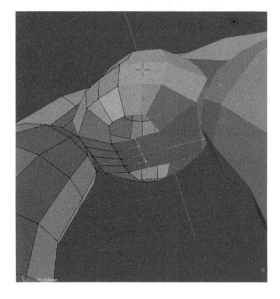

fig. 170 estrusione dei vertici della parte inferiore del tronco

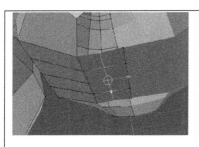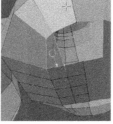

fig. 171 chiusura delle face quadrangolari

Infine, con l'editing proporzionale addolciamo la curvatura inferiore della *mesh*.

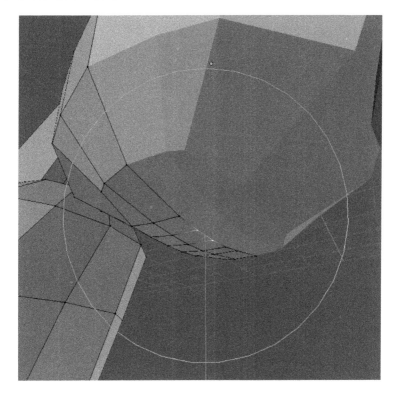

fig. 172 arrotondamento della curvatura inferiore con l'*editing* proporzionale

L'inserimento di un ulteriore *loop* verticale consentirà una migliore definizione della curvatura del corpo.

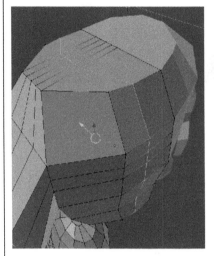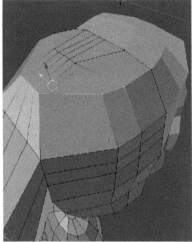

fig. 173 *loop* per la definizione del tronco

Prima di realizzare la testa, dobbiamo allungare il collo con una estrusione delle facce superiori e successiva scalatura.

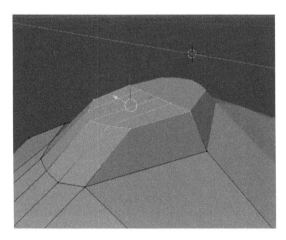

fig. 174 estrusione e scalatura del collo

Per realizzare la testa, sarà molto importante visualizzare il modello frontalmente e lateralmente e procedere per estrusioni e scalature successive delle facce superiori del collo.

fig. 175 estrusione e scalatura delle facce per la realizzazione della testa

Con pochi, piccoli, aggiustamenti, il risultato sarà decisamente accettabile.

fig. 176 completamento della faccia

Se osserviamo la testa nel modello originale, notiamo che questa presenta l'unica difformità dal punto di vista della simmetria. Essa, infatti, in corrispondenza della cucitura, risulta pendente da una parte.

Per correggere la *mesh*, dovremo dapprima applicare definitivamente il modificatore *Array*, quindi selezionare i *loop* superiori ed effettuare una breve rotazione rispetto all'asse *y*.

Prima di fare ciò, consigliamo tuttavia di fare una copia del modello e spostarlo in un altro *layer*.

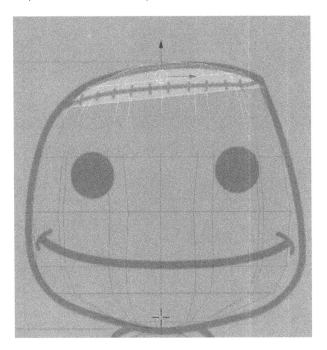

fig. 177 modifica della posizione di alcuni vertici della testa

Aggiungiamo il modificatore *Subdivision Surface* a 3 divisioni e lo *Smooth*.

In *Edit Mode*, aggiungiamo due *loop* in prossimità delle piante dei piedi per rendere piatta la base.

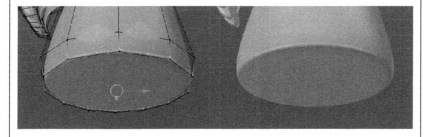

fig. 178 *loop* in prossimità della pianta dei piedi

Il modello è finito.

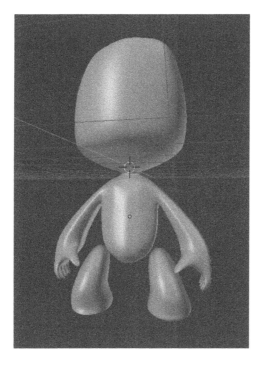

fig. 179 modello completato

Per realizzare la bocca, gli occhi, la cucitura e la zip, abbiamo a disposizioni diversi metodi, che vanno dalla scultura (*sculpting*) che verrà spiegata in seguito, alla modellazione specifica degli elementi, o, ad esempio, alla pittura sulla *mesh*.

A voi la scelta!

fig. 180 *render* finale del modello dipinto con il metodo *Texture Paint*

3.3. Modellazione con la topologia

Questo metodo è utilizzato normalmente per definire superfici molto complesse, come ad esempio un corpo umano realistico.

Anche in questo caso si fa uso dei *blueprint*, normalmente di uno modello, fotografato ad alta definizione in vista frontale, laterale, posteriore e, se necessario anche dall'alto.

Il procedimento è tuttavia differente da quello precedente.

Si parte, infatti, non da una superficie o da un solido, ma da un punto, estrudendolo e individuando, via via, le curve di livello del corpo (e specialmente del viso).

In definitiva si ricalca la topologia principale del modello, facendo sempre attenzione a realizzare facce quadrangolari e *loop* ben definiti.

Conviene, di solito, individuare la topologia e le curve disegnandole con una matita sulla foto originale o con il *Grease Pencil*.

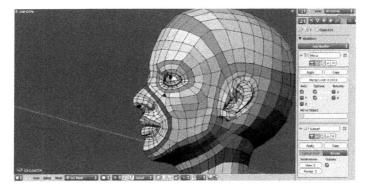

fig. 181 la topologia del modello è perfettamente definita (in questo caso le facce che definiscono i tratti principali, sono stati colorati per essere meglio visualizzati

137

Si tratta, questo, di un metodo assai preciso e definito benché estremamente laborioso e impegnativo anche per le risorse del computer.

Spesso questo metodo è assai utile come base per lo *sculpting* al fine di ottenere modelli estremamente realistici e definiti, con tanto di rughe, cicatrici, pori e segni della pelle.

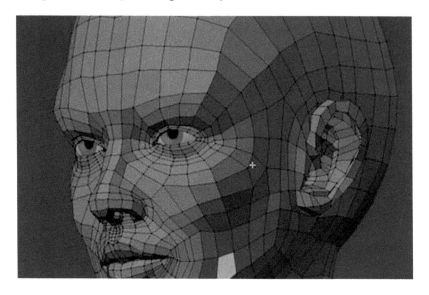

fig. 182 il modello è molto definito (e decisamente più pesante)

Un'esercitazione adeguatamente complessa e completa di questa tecnica può essere individuata nel *videotutorial* dedicato denominato "*Blenderella*" che può essere recuperato nel *Blender Cloud*, di cui consigliamo vivamente l'iscrizione (www.blender.org).

In questo speciale *Cloud* dedicato alle produzioni di Blender e a tutoraggi avanzatissimi, è possibile accedere tramite registrazione e abbonamento trimestrale a soli 10 dollari (o 10 euro mensili).

Blenderella viene modellata partendo dai *blueprint* di una modella.

138

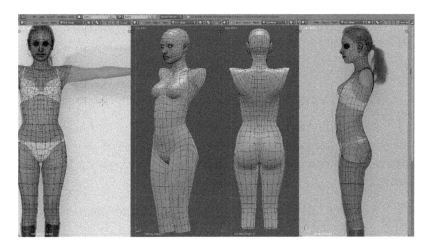

fig. 183 modellazione di *Blenderella*

Partendo dagli occhi, per estrusione di punti e facce nelle viste frontale e laterale, vengono individuate le linee guida del viso e del corpo, creando una geometria assai dettagliata, utile per rappresentazioni decisamente precise e realistiche.

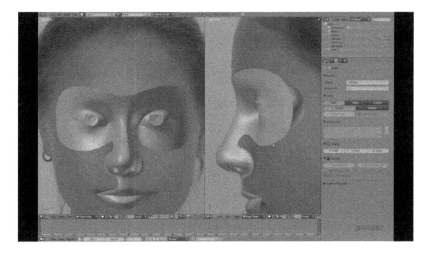

fig. 184 modellazione del viso

139

3.4. Modellazione con il modificatore Skin

Questo terzo metodo, forse meno usato, risulta davvero efficace.

Utilizzando il modificatore *Skin* per dare corpo, in modo non uniforme ad una *silhouette*, è possibile creare dei personaggi in pochi passaggi.

Proviamo, ad esempio, a riprodurre il *character* precedente.

ESERCIZIO n. 7: MODELLAZIONE DEL *CHARACTER* CON L'USO DEL MODIFICATORE SKIN

Anche in questo caso inseriamo il *blueprint* come immagine di *background* nella scena 3D, posizionandoli e scalandoli in vista *Front* (7 NUM) e *Right* (3 NUM), cine fatto in precedenza.

fig. 185 inserimento dei *blueprint*

A questo punto inseriamo un vertice al centro della scena, in vista *Front*, grosso modo all'altezza dell'attaccatura della testa.

Procediamo per estrusioni del vertice, fissando nuovi vertici in prossimità dei nodi chiave del personaggio (collo, spalle, anca, ginocchio *etc*...).

fig. 186 estrusioni del vertice

Procediamo quindi con la testa, estrudendo almeno tre volte, in prossimità del mento, del naso e della sommità della testa.

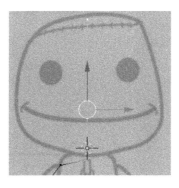

fig. 187 estrusioni dei vertici della testa

Inseriamo a questo punto un modificatore *Mirror* alla *mesh*, specchiandola rispetto alla direzione *x*, ricordandoci di spuntare *Clipping* per fondere i vertici doppi ed evitare compenetrazioni al di là dell'asse di simmetria.

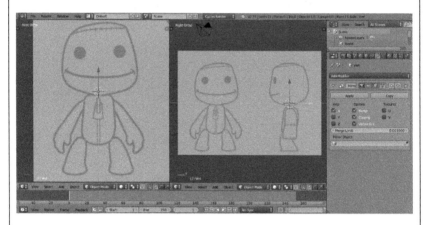

fig. 188 modificatore *Mirror*

A questo punto, in vista laterale (3 NUM) spostiamo i vertici in modo da modificare la postura ed estrudiamo i piedi (punta e tallone).

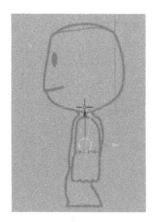

fig. 189 estrusione dei piedi e modifica della postura

Aggiungiamo alla cascata, il modificatore *Skin*.

La linea prenderà spessore (a sezione quadrangolare e uniforme).

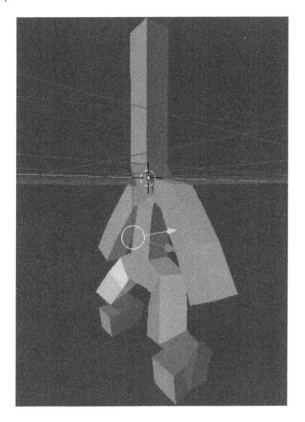

fig. 190 effetto del modificatore *Skin*

In *Edit Mode*, con la combinazione di tasti CTRL + A e spostando il mouse, possiamo regolare l'ispessimento sui vertici selezionati, quindi su tutta la *mesh* se li selezioniamo tutti, o su parte di questa, selezionandone solo alcuni.

Selezioniamo i vertici della testa (mento, naso e sommità) e digitiamo CTRL + A muovendo il mouse, allargando la testa.

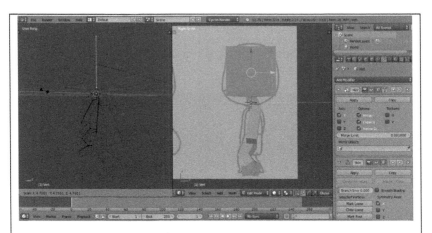

fig. 191 ispessimento della testa

Aggiungiamo un modificatore *Subdivision Surface* ad almeno 2 divisioni.

Procediamo ora in modo analogo con il corpo, le braccia e le gambe, regolando eventualmente il parametro *Branch Smoothing*.

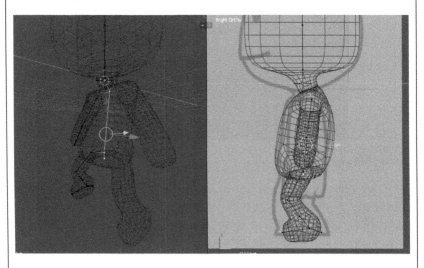

fig. 192 ispessimento del corpo

Possiamo estrapolare in un'altra *mesh* le gambe, selezionando i vertici con P e modellare le dita e le falangi estrudendo i vertici della mano.

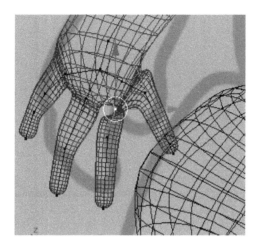

fig. 193 fase di modellazione delle dita della mano

Alla fine del processo, con un po' di pazienza, applicheremo definitivamente i modificatori.

Tale tecnica, risulta molto utile per realizzare bastoni, assi di legno, staccionate, ma anche oggetti filiformi e vermi.

4
RIGGING E CINEMATICA INVERSA

4.1. Introduzione

Il **Rigging** rappresenta la parte più complessa della creazione di un personaggio.

È il metodo che consente a un personaggio (anche se ci sembra quanto meno riduttivo applicare la tecnica solo ad un *character*) che consente di passare da una posa statica a una dinamica, fino al movimento.

Com'è noto, un *character* è, di fatto, una *mesh*, più o meno dettagliata, dotata di una (o più) testa, degli arti, in alcuni casi di una coda o delle ali.

E come ogni essere vivente anche un *character*, per potersi muovere o mettere in posa, necessità di uno scheletro che, in Blender, è detto **rig** o **armature**, in grado di deformare il corpo (la pelle) in modo armonico e credibile.

Allo stesso modo è possibile deformare le parti del viso per ottenere espressioni facciali.

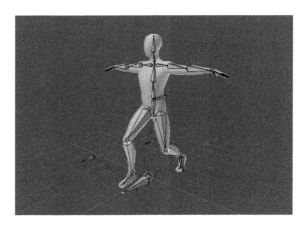

fig. 194 *rigging* di un *character*

Per meglio comprendere il funzionamento dell'armatura, analizziamo le parti che compongono questo scheletro.

Uno scheletro, come nella realtà è composto da una serie di ossa, tanto più numerose quanto si intende ottenere un movimento più dettagliato delle parti del corpo.

Alcune ossa possono far parte di un sistema che le collega strettamente tra loro. Si pensi, ad esempio ad una gamba, composta dal femore, dal perone e dalle ossa del piede. Può risultare assai utile che tale gruppo possa a sua volta venire controllato da un osso con funzione di controllo generale degli altri.

Alcune ossa, poi, sono vincolate in alcuni movimenti. La testa, ad esempio, non potrà mai ruotare su se stessa di 360° e oltre.

La grande innovazione delle armature in Blender è che queste vengono considerate come un unico oggetto, legato alla *mesh*, che facilita alcune operazioni di trasformazione globale come la scalatura o la duplicazione.

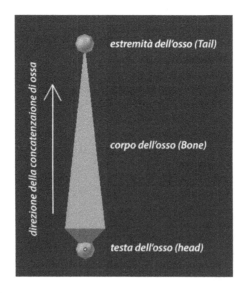

fig. 195 le parti di un osso

Ogni osso è composto da tre elementi distinti: una testa (*Head*), un corpo (*Bone*) e una estremità, o coda (*Tail*).

Ogni osso è specificamente unidirezionale. Ciò significa che ha un verso ben preciso e che, in una concatenazione di ossa successive, la testa di un osso può essere connessa esclusivamente alla coda di un altro osso.

Un osso può essere inserito nella scena come qualsiasi altro oggetto, vale a dire:

- con la combinazione di tasti SHIFT + A e scegliendo *Single Bone* nel menu *Armature*;

- dal menu *Add* della 3D view;

- dal *tab Create* della *Tools Shelf*.

fig. 196 inserimento di un osso nella 3D view utilizzando la *shortcut* SHIFT + A 8° sinistra) o il menu *Add* (a destra)

L'osso verrà inserito nella 3D view in corrispondenza del cursore.

Per creare una catena di ossa (ricordiamo, partendo sempre dalla coda, o estremità), è sufficiente, selezionato l'osso, entrare in *Edit Mode*, selezionare la coda ed estruderla con E. Così come per l'estrusione di un elemento di una *mesh* dalla coda nascerà un nuovo

151

osso che potrà essere dimensionato a piacimento trascinando il mouse e confermando con LMB.

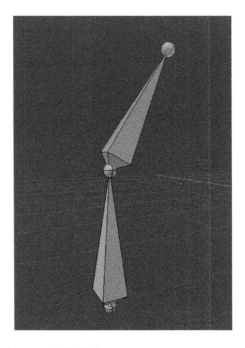

fig. 197 estrusione di un osso in *Edit Mode*

Una configurazione di due o più ossa collegate tra loro è detta **chain** (catena o concatenazione).

Si noti che spostando, ruotando o scalando (in *Edit Mode*) il nodo di connessione tra due ossa (coda del primo coincidente con testa del secondo), influirà sul movimento e il dimensionamento di entrambe.

Il primo osso sarà genitore (*parent*) del secondo e così via nella cascata.

Così come qualsiasi altro oggetto, anche un osso (o una catena) può essere rinominato, spostato, ruotato, scalato o duplicato con gli stessi comandi già noti.

152

Analogamente (in *Edit Mode*) gli ossi figli possono dipendere dal genitore con gli stessi legami di parentela già descritti in precedenza, con la combinazione di tasti CTRL + P.

Selezionando la testa e la coda di due ossa distinte, digitando F verrà creato un osso che connetterò queste due estremità.

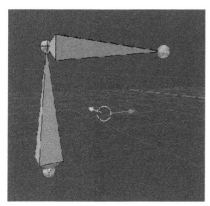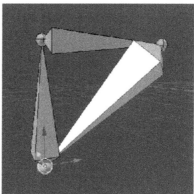

fig. 198 creazione di un osso di collegamento tra le estremità (testa e coda) di due ossa distinte

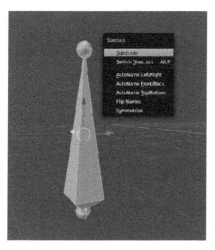

fig. 199 il menu *Specials* e la funzione *Subdivide*

4.1.1. Il menu *Specials*

Sempre in modo analogo ad altri oggetti, il tasto W (in *Edit Mode*) attiva il menu *Special*, dal quale, tra altre funzioni è possibile:

- suddividere (*Subdivide*) un osso in diversi *"pezzi"* definiti da altrettante ossa;

- invertire (*Switch Direction*, ALT + F) il verso delle ossa selezionate;

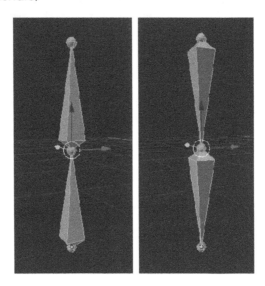

fig. 200 *Switch Direction*

- rinominare automaticamente (*AutoName Left/Right*) uno o più ossa secondo il formato *nome_osso_Left / Right* secondo la posizione rispetto all'asse di specchiatura destra-sinistra (ad esempio *femore_Left* e *femore_Right*);

- rinominare automaticamente (*AutoName Front/Back*) uno o più ossa secondo il formato *nome_osso_Front / Back* secondo la posizione rispetto all'asse di specchiatura avanti-dietro;

- rinominare automaticamente (*AutoName Top/Bottom*) uno o più ossa secondo il formato *nome_osso_Top / Bottom* secondo la posizione rispetto all'asse di specchiatura sopra-sotto;

- scambiare (*Flip Names*) i suffissi dei nomi delle ossa collegate. Ad esempio due ossa nominate *Bone_001* e *Bone_002* verranno rispettivamente rinominate *Bone_002* e *Bone_001*;

- forzare la simmetria delle ossa (*Symmetrize*).

4.1.2. La *Tools Shelf* relativa alle armature

Così come per ogni altro oggetto nella scena 3D, anche per le armature sono previsti alcuni strumenti di trasformazione che si trovano nella *Tools Shelf* della 3D view, attivabile col tasto T.

Questa è suddivisa in diversi tab, a seconda della modalità.

fig. 201 il *tab Tools* e i relativi pannelli in *Object Mode* (a sinistra) e *Edit Mode* (a destra)

In particolare il *tab* **Tools** è diviso nei pannelli **Transform** e **Edit** in *Object Mode* e nei pannelli **Transform** e **Armature Tools** in *Edit Mode*.

In *Edit Mode*, invece, compare un *tab* dedicato alle sole armature, **Armature Options**, contenente la spunta *X-Axis Mirror*, utilissima per assegnare le stesse modifiche anche alle ossa generate della specchiatura, come ad esempio, nel caso degli arti di un *character*.

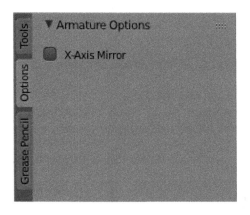

fig. 202 il *tab Options* in *Edit Mode*

Tutti gli altri pannelli, siano essi in *Object Mode* o in *Edit Mode* contengono i medesimi strumenti già evidenziati in precedenza per altri tipi di oggetto.

4.1.3. La *Properties Bar* relativa alle armature

Anche la **Properties Bar**, richiamabile con il tasto N, non mostra particolari differenze rispetto alla selezione di altre tipologie di oggetto.

L'unica particolarità si può apprezzare in *Edit Mode* e nel pannello **Transform**, in cui sono presenti contatori specifici per le ossa.

156

fig. 203 il pannello *Transform* della *Properties Bar* in *Edit Mode*

In particolare, il pannello è suddiviso in due sezioni: *Head* e *Tail*.

Nella sezione *Head* sono disponibili i contatori *X*, *Y* e *Z* che definiscono il posizionamento della testa dell'osso nello spazio 3D; e *Radius (Parent)*, che definisce il raggio tra la testa e la coda dell'osso imparentato.

Nella sezione *Tail*, oltre al posizionamento *X*, *Y* e *Z*, è presente il contatore *Radius*, che definisce il raggio della coda dell'osso (in caso di concatenazione); *Roll*, che ruota l'osso selezionato attorno al proprio asse; e *Envelope*, che regola la distanza della deformazione dell'osso.

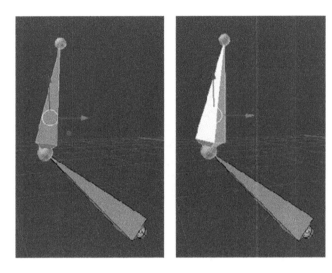

fig. 204 rotazione dell'osso attorno al proprio asse (*Roll*)

4.1.4. I menu della *header* della 3D view per le armature

La *header* della 3D view rimane sostanzialmente invariata in *Object Mode*, rispetto alla selezione di una *mesh*.

Con un'armatura selezionata in *Edit Mode*, invece, oltre ai menu invariati **View** e **Select**, compaiono due menu specifici per la modifica delle armature: **Add**, in cui compare la sola voce *Single Bone* (SHIFT + A) che consente di inserire un osso; e **Armature**, le cui opzione saranno definite nel dettaglio, qui di seguito.

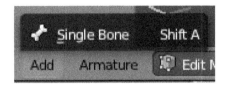

fig. 205 il menu *Add* in *Edit Mode* con la sola voce disponibile *Single Bone*

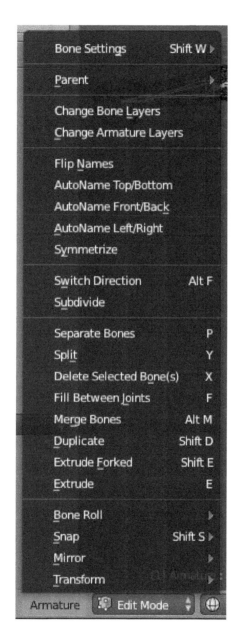

Bone Settings	Shift W ▸
Parent	▸
Change Bone Layers	
Change Armature Layers	
Flip Names	
AutoName Top/Bottom	
AutoName Front/Back	
AutoName Left/Right	
Symmetrize	
Switch Direction	Alt F
Subdivide	
Separate Bones	P
Split	Y
Delete Selected Bone(s)	X
Fill Between Joints	F
Merge Bones	Alt M
Duplicate	Shift D
Extrude Forked	Shift E
Extrude	E
Bone Roll	▸
Snap	Shift S ▸
Mirror	▸
Transform	▸

Armature 　 Edit Mode

fig. 206 il menu *Armature* in *Edit Mode*

159

- *Bone Settings* (SHIFT + W) lancia un sottomenu in cui è possibile definire i settaggi relativi alle ossa secondo 6 differenti metodi (*Draw Wire, Deform, Multiply Vertex Group with Envelope, Inherit Rotation, Inherit Scale, Lock*);

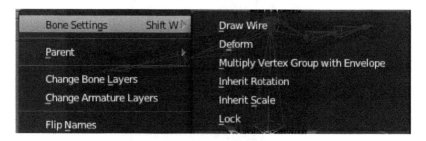

fig. 207 il sottomenu *Bone Settings*

- *Parent* apre un sottomenu in cui scegliere una tra le seguenti due opzioni disponibili:

    - *Make* (CTRL + P) imposta, in un gruppo di selezione di ossa, l'osso attivo come genitore (*parent*) delle altre ossa selezionate;

    - *Clear* (ALT + P) annulla la parentela fra ossa;

- *Change Bone Layer* sposta uno o più ossa selezionate in un altro *layer* dedicato alle ossa;

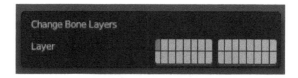

fig. 208 alla scelta dell'opzione *Change Bone Layer* si apre una finestra in cui scegliere il *layer* in cui inserire le ossa selezionate

- *Change Armature Layer* sposta una o più armature selezionate in un altro *layer* dedicato alle armature;

160

- *Flip Names* scambia i suffissi dei nomi delle ossa collegate. Ad esempio due ossa nominate *Bone_001* e *Bone_002* verranno rispettivamente rinominate *Bone_002* e *Bone_001*;

- *AutoName Left/Right* rinomina automaticamente uno o più ossa secondo il formato *nome_osso_Left / Right* secondo la posizione rispetto all'asse di specchiatura destra-sinistra (ad esempio *femore_Left* e *femore_Right*);

- *AutoName Front/Back* rinomina automaticamente uno o più ossa secondo il formato *nome_osso_Front / Back* secondo la posizione rispetto all'asse di specchiatura avanti-dietro;

- *AutoName Top/Bottom* rinomina automaticamente uno o più ossa secondo il formato *nome_osso_Top / Bottom* secondo la posizione rispetto all'asse di specchiatura sopra-sotto;

- *Symmetrize* forza la simmetria delle ossa;

- *Switch Direction* (ALT + F) inverte il verso delle ossa selezionate;

- *Subdivide* suddivide un osso in diversi *"pezzi"* definiti da altrettante ossa;

- *Separate Bones* (P) stacca le ossa selezionate dall'armatura in una armatura a parte;

- *Split* (Y) divide le ossa selezionate dalle altre ossa connesse non selezionate;

- *Delete Selected Bone (s)* (X) cancella le ossa selezionate;

- *Fill Between Joints* (F) unisce la testa e la coda di due ossa differenti creando un nuovo osso;

- *Merge Bones* (ALT + M) fonde una o più ossa tra loro connesse direttamente in un unico osso;

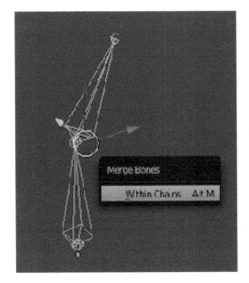
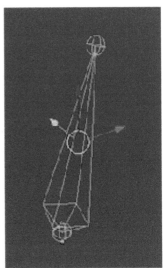

fig. 209 l'effetto del comando *Merge*

- *Duplicate* (SHIFT + D) duplica le ossa selezionate;

- *Extrude* (E) estrude un osso dalla coda, creando una concatenazione (armatura);

- *Bone Roll* apre un sottomenu di due opzioni:

    - *Recalculate Roll* (CTRL + N), che fissa automaticamente l'allineamento delle ossa selezionate secondo gli assi specificati nel sottomenu *Positive*, *Negative* e *Other*;

fig. 210 il sottomenu *Recalculate Roll*

    - *Set Roll* (CTRL + R), che ruota attorno al rispettivo asse le ossa selezionate;

162

- *Snap* (SHIFT + S) attiva le funzioni di *snap* al *3D Cursor*;

- *Mirror* specchia le ossa selezionate secondo l'asse specificato nel sottomenu;

- *Transform* apre un sottomenu in cui si riassumono tutti gli strumenti di trasformazione.

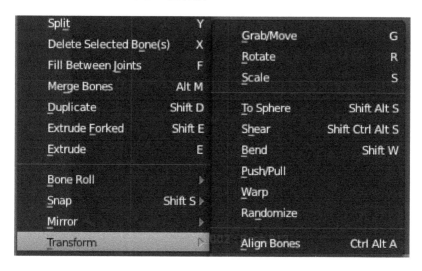

fig. 211 il sottomenu *Transform*

4.2. Le modalità delle armature

A differenza degli altri oggetti, le armature possono essere editate in tre differenti modalità: *Object Mode*, *Edit Mode* e, modalità specifica, *Pose Mode*.

Vediamo in che contesti si utilizzano le tre modalità.

4.2.1. Object mode

Si tratta della modalità di inserimento iniziale delle ossa. In questa modalità le singole ossa che compongono l'armatura non possono essere modificate, ma prese nel loro insieme, un po' come in una *mesh*, in *Object Mode*, non è possibile modificare vertici, spigoli e facce. Tuttavia in *Object Mode* è possibile trasformare nella sua interezza l'osso o l'intera armatura, agendo con i principali strumenti di trasformazione (spostamento, rotazione, scalatura, specchiatura, copia, etc.).

4.2.2. Edit Mode

In questa modalità si ha il controllo e la modifica di ogni singolo osso che compone l'armatura. In *Edit Mode* è possibile inoltre definire i rapporti di parentela genitore-figli e posizionare ogni singolo osso nella posa di riposo, seguendo quella del *character* a cui fa riferimento.

4.2.3. Pose Mode

Questa è la modalità specifica per le armature.

164

fig. 212 modalità *Object Mode*, *Edit Mode* e *Pose Mode*

Una volta che la gerarchia e le ossa è stata definita in *Edit Mode*, in *Pose Mode* è possibile definire eventuali vincoli per le ossa e, infine, spostare e ruotare le ossa, secondo alcuni fotogrammi chiave, mettendo letteralmente in posa il *character* a cui sono legate per creare l'animazione. In questa modalità, le ossa non selezionate saranno rappresentate di colore blu, mentre quelle selezionate di colore celeste.

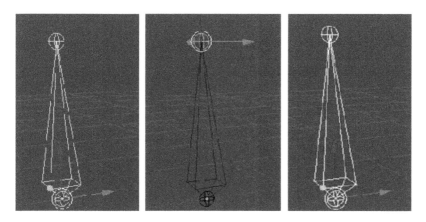

fig. 213 un osso in modalità *Object Mode* (a sinistra), *Edit Mode* (al centro) e *Pose Mode* (a destra)

Le *shortcut* per passare velocemente da una modalità all'altra sono:

165

- TAB passa da *Object Mode* a *Edit Mode* e viceversa;

- CTRL + TAB passa da *Object Mode* a *Pose Mode* e viceversa, oppure da *Edit Mode* a *Pose Mode* e viceversa.

4.2.4. La *Tools Shelf* in *Pose Mode*

fig. 214 il *tab Data* relativo alle armature

In *Pose Mode* si attivano specifici *tab* nella *Tools Shelf* della 3D view.

Nel *tab Tools* è presente il principale pannello **Pose Tools** che definisce:

- nella sezione *Transform*, le trasformazioni sulle ossa selezionate: *Transform*, *Rotate* e *Scale*;

- nella sezione *In-Betweens* (letteralmente: nel mezzo), l'incidenza della posa, ovvero *Push* (che tende ad esagerare la posa, *shortcut* CTRL + E); *Relax* (che rende la posa corrente il più simile possibile alla precedente, *shortcut* ALT +E); e *Breakdowner* (che crea una adeguata posa interpolata in un determinato fotogramma fra due pose, *shortcut* SHIFT + E);

- nella sezione *Pose*, *Copy* e *Paste* copiano o incollano le pose selezionate nel *buffer*; *Add To Library* aggiunge la posa corrente nella libreria delle pose; *Propagate* apre un menu a tendina da cui definire:

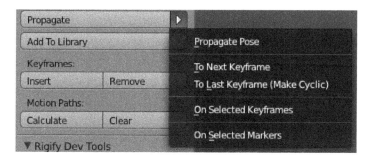

fig. 215 il menu *Propagate*

- *Propagate Pose*, che copia la posa corrente con le successive pose già sincronizzate con i fotogrammi, se bloccati;

- *To Next Keyframe*, che copia la posa corrente nel fotogramma successivo;

- *To Last Keyframe (Make Cyclic)* che copia la posa corrente nell'ultimo fotogramma dell'animazione,

167

rendendola ciclica. Si immagini la camminata di un *character*;

- *On Selected Keyframes* che copia la posa corrente nel fotogramma selezionato;

- On Selected Markers che copia la posa corrente in corrispondenza del *marker* selezionato;

- nella sezione *Keyframes*, *Insert* e *Remove* rispettivamente inseriscono e rimuovono dei *keyframe* in corrispondenza di un determinato fotogramma, fissando la posa corrente;

- nella sezione *Motion Paths*, infine, *Calculate* calcola il percorso delle ossa selezionate; *Clear* cancella dalla *cache* il percorso associato a un osso.

Nel pannello **Pose Options** è possibile abilitare, spuntando *Auto IK*, la funzione di cinematica inversa automatica (vedi in seguito) alla concatenazione di ossa.

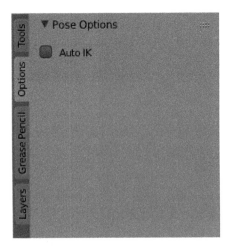

fig. 216 il pannello *Pose Options*

4.2.5. La *Properties Bar* in *Pose Mode*

In *Pose Mode*, la *Properties Bar* non offre particolari e ulteriori strumenti.

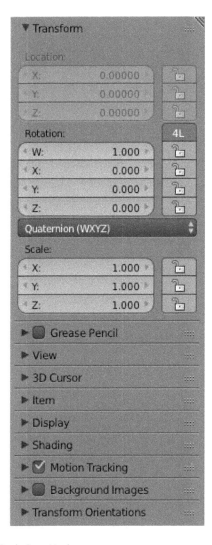

fig. 217 la *Properties Bar* in *Pose Mode*

4.2.5. La *header* della 3D view in *Pose Mode*

L'intestazione della 3D view offre gli stessi controlli già definiti per gli altri oggetti e due menu in comune: **View** e **Select**.

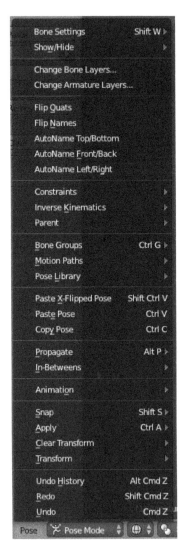

fig. 218 il menu *Pose*

170

Un terzo menu, **Pose** è dedicato alle pose delle armature e contiene le seguenti opzioni:

- *Bone Settings* (SHIFT + W) lancia un sottomenu in cui è possibile definire i settaggi relativi alle ossa secondo 6 differenti metodi (*Draw Wire, Deform, Multiply Vertex Group with Envelope, Inherit Rotation, Inherit Scale, Lock*);

- *Show/Hide* (H, ALT + H) nasconde o ripristina la vista delle ossa;

- *Change Bone Layer* sposta uno o più ossa selezionate in un altro *layer* dedicato alle ossa;

- *Change Armature Layer* sposta una o più armature selezionate in un altro *layer* dedicato alle armature;

- *Flip Quats* capovolge valori dei quaternioni per realizzare notazioni desiderate, mantenendo lo stesso orientamento delle ossa;

A tal fine definiamo *quaternione* come un numero complesso della forma *w + xi + yj + zk*, dove *w, x, y, z* sono numeri reali e *i, j, k* sono unità immaginari che soddisfano determinate condizioni. Essi forniscono una notazione matematica conveniente per la rappresentazione di orientamenti e rotazioni di oggetti tridimensionali.

- *Flip Names* scambia i suffissi dei nomi delle ossa collegate. Ad esempio due ossa nominate *Bone_001* e *Bone_002* verranno rispettivamente rinominate *Bone_002* e *Bone_001*;

- *AutoName Left/Right* rinomina automaticamente uno o più ossa secondo il formato *nome_osso_Left / Right* secondo la posizione rispetto all'asse di specchiatura destra-sinistra (ad esempio *femore_Left* e *femore_Right*);

- *AutoName Front/Back* rinomina automaticamente uno o più ossa secondo il formato *nome_osso_Front / Back* secondo la posizione rispetto all'asse di specchiatura avanti-dietro;

171

- *AutoName Top/Bottom* rinomina automaticamente uno o più ossa secondo il formato *nome_osso_Top / Bottom* secondo la posizione rispetto all'asse di specchiatura sopra-sotto;

- *Constraints* apre un sottomenu da cui definire di aggiungere, copiare o eliminare un vincolo alle ossa selezionate;

fig. 219 il sottomenu *Constraints*

- *Inverse Kinematics* aggiunge le funzioni di cinematica inversa (IK) all'osso selezionato oppure le rimuove;

fig. 220 il sottomenu *Inverse Kinematics*

- *Parent* imposta l'oggetto di genitorialità sull'osso selezionato.

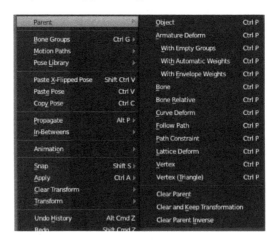

fig. 221 il sottomenu *Parent*

172

- *Bone Groups* (CTRL + G) assegna le ossa selezionate a un nuovo gruppo;

- *Motion Paths*

- *Pose Library*

- *Paste X-Flipped Pose* (SHIFT + CTRL + V)

- *Paste Pose* (CTRL + V)

- *Copy Pose* (CTRL + C)

- *Propagate* (ALT + P) apre un menu a tendina da cui definire:

   - *Propagate Pose*, che copia la posa corrente con le successive pose già sincronizzate con i fotogrammi, se bloccati;

   - *To Next Keyframe*, che copia la posa corrente nel fotogramma successivo;

   - *To Last Keyframe (Make Cyclic)* che copia la posa corrente nell'ultimo fotogramma dell'animazione, rendendola ciclica. Si immagini la camminata di un *character*;

   - *On Selected Keyframes* che copia la posa corrente nel fotogramma selezionato;

   - *On Selected Markers* che copia la posa corrente in corrispondenza del *marker* selezionato;

- *In-Betweens* (letteralmente: nel mezzo) viene definita l'incidenza della posa, secondo tre opzioni:

   - *Push* (che tende ad esagerare la posa, *shortcut* CTRL + E);

173

- *Relax* (che rende la posa corrente il più simile possibile alla precedente, *shortcut* ALT +E);

- *Breakdowner* (che crea una adeguata posa interpolata in un determinato fotogramma fra due pose, *shortcut* SHIFT + E);

- *Animation* apre un sottomenu in cui definire l'aggiunta o la cancellazione di un *keyframe*, o fissare l'animazione (*Bake*);

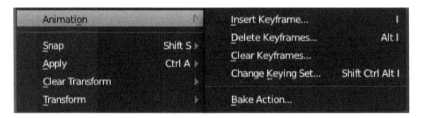

fig. 222 il sottomenu *Animation*

- *Snap* (SHIFT + S) definisce le opzioni di *snap* al *3D Cursor*;

- *Apply* (CTRL + A) apre un menu in cui scegliere tra due opzioni:

  - *Apply Pose as Rest Pose* definisce la posa corrente come posa a riposo;

  - *Apply Visual Transform To Pose* applica la posizione finale vincolata alla posa corrente sulle relative trasformazioni;

fig. 223 il sottomenu *Apply*

- *Transform* e *Clear Transform* applicano o eliminano le trasformazioni sulle ossa;

- *Undo History* e *Redo* annullano o ripetono le ultime operazioni.

174

4.3. I vincoli

I vincoli impostano in che mode le ossa reagiscono ad altre ossa. Ad esempio, nello spostare un osso, potrebbe avvenire una determinata reazione in un'altra parte dello scheletro.

In primo luogo, è necessario sapere che la maggior parte dei vincoli hanno un *target*, il che significa che quando un vincolo viene applicato a un osso, esso si coinvolge anche almeno un altro osso, creandosi un legame tra loro.

È possibile applicare i vincoli a qualsiasi oggetto nella scena, ma c'è una differenza tra vincoli applicati in *Object* Mode e quelli in *Pose Mode*: in *Object* Mode, aggiungendo un vincolo, questo interesserà l'intera catena. In *Pose* Mode, invece, aggiungendo un vincolo, comparirà un nuovo pannello nella finestra *Properties*, come vedremo in seguito, *Bone Constraints*, caratterizzata da una icona con una piccola catena.

4.3.1. Vincolare le ossa

a) Selezionare l'osso a cui si desidera aggiungere il vincolo. Nel *tab Bone Constraints* nella finestra *Properties*, fare clic sul pulsante *Add Bone Constraints* e selezionare il tipo di vincolo che si desidera aggiungere. Si noti che il vincolo viene quindi aggiunto in cascata, simile al modo in cui i modificatori vengono aggiunti a un oggetto. All'interno del pannello *Constraints*, c'è un campo detto *Target*. Inserire il nome dell'armatura e un nuovo campo per il nome dell'osso apparirà in corrispondenza del nome dell'osso che si desidera avere come destinazione per il vincolo.

b) Un altro modo di solito più veloce per aggiungere un vincolo è quello di selezionare prima l'osso di destinazione e quindi l'osso a cui si desidera aggiungere il vincolo tenendo premuto SHIFT. Quindi premere SHIFT + CTRL + C per aprire il menu *Constraints* e aggiungere il vincolo. In alternativa è possibile andare al menu *Armature* nell'*header* della 3D view e selezionare il menu *Constraints*). In questo modo, quando si aggiunge un vincolo, si rileverà automaticamente il primo osso selezionato come obiettivo (*target*).

fig. 224 il *tab Constraints*

4.4. Rigging di un character e cinematica inversa

Fino a questo momento ci siamo addentrati nei meandri delle numerose nozioni riguardanti il *rigging*, senza tuttavia aver eseguito alcuna esercitazione.

Riteniamo che le nozioni analizzate fino ad ora siano propedeutiche per la comprensione di questo complesso argomento.

Onde evitare di proseguire con una ulteriore lunghissima e noiosa trattazione teorica (è necessario ancora analizzare dettagliatamente i *tab Data* e *Bones* relativi alle ossa e alle armature, posti nella finestra *Properties*), abbiamo ritenuto di fare in *break* e cimentarci con un primo esercizio pratico sul *rigging*.

La finestra *Properties* verrà ripresa nei capitoli successivi, a conclusione e a chiarimento di tutti i concetti.

Nel prossimo esercizio procederemo quindi per gradi secondo questo schema:

- modellazione di un semplice *character*;

- creazione dello scheletro di base;

- *rigging* e parentele fra le ossa;

- *mirroring* del rig;

- *skinning*;

- *Cinematica Inversa (IK)*

- animazione ciclica della camminata del *character*.

ESERCIZIO n. 8: RIGGING DI UN CHARACTER

a) modellazione di un semplice character

Per prima cosa iniziamo con la modellazione di un semplice *character*, un po' come abbiamo già visto nell'esercizio n. 6. In alternativa, potete utilizzare lo stesso *character*.

Partiremo da un cubo e procederemo per suddivisioni in *loop*, estrusione e specchiatura della *mesh* con il modificatore *Mirror*, come ormai dovremmo essere perfettamente in grado di fare.

La prima operazione è quella di inserire nel cubo, in *Edit Mode*, un *loop* verticale in mezzeria ed eliminare tutti i vertici sul lato destro.

Suddividiamo orizzontalmente il cubo con due *loop* orizzontali, in corrispondenza del petto e della vita, e uno verticale, in corrispondenza dell'estremità del collo.

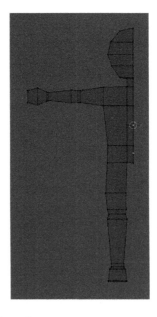

fig. 225 modellazione del *character*

Estrudiamo quindi il braccio sinistro, la gamba, il collo e la testa.

Vi consigliamo di sdoppiare la 3D view, impostando la vista frontale (1 NUM) e quella laterale (3 NUM), e di procedere per gradi, estrudendo e spostando i vertici nelle due viste.

Con un po' di esperienza dovreste riuscire a creare un semplice *character* a memoria. Nulla vi vieta, tuttavia, come fatto in precedenza di basarvi su un modello, con la tecnica della *Background Image*.

Non affannatevi a ricercare la precisione estrema in questa fase. Basteranno pochi *loop* e pochi vertici per ottenere una prima bozza di personaggio.

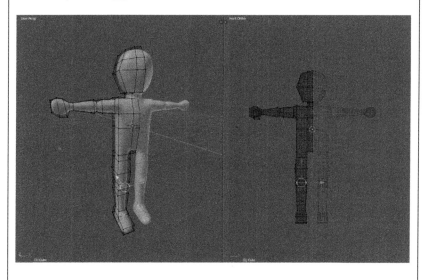

fig. 226 completamento del modello

Al termine dell'operazione, assegnate alla *mesh* il modificatore *Mirror* in modo da ottenere una copia specchiata rispetto all'asse z.

Ricordate di spuntare *Clipping* e *Merge* per evitare vertici doppi e compenetrazioni.

179

Aggiungete quindi il modificatore *Subdivision Surface*, ad almeno 3 divisioni e lo *Smooth* per levigare la superficie.

Per sicurezza, create una copia della *mesh* (SHIFT + D) e spostatela nell'ultimo *layer* digitando M.

Infine applicate definitivamente i modificatori *Mirror* e *Subdivision Surface*.

b) creazione dello scheletro di base

Il modello realizzato è molto semplice e non necessita di un *rigging* particolarmente accurato. Ad esempio, non avendo realizzato le dita delle mani e dei piedi, eviteremo, in questo esempio, di creare l'ossatura di tutte le falangi.

Si consideri che l'ossatura è del tutto analoga a quella reale, con ossa lunga e articolazioni.

Queste ultime sono rappresentate dalla testa e dalla coda dell'osso.

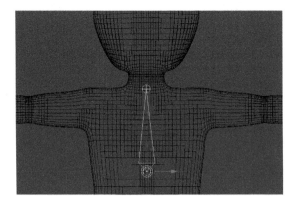

fig. 227 inserimento del primo osso

180

Andremo a realizzare lo scheletro di base del modello esclusivamente sul lato sinistro, intendendo per lato sinistro quello riferito al *character*, cioè la parte sinistra del personaggio. In vista frontale della 3D view queste ossa saranno visualizzate sulla destra.

Inseriamo il primo osso, in corrispondenza del tronco, in modo che la testa dell'osso coincida con la zona del diaframma e la coda con la base del collo.

Anticipiamo una funzione della finestra *Properties*, per comodità. Nel *tab Data*, nel pannello *Display* attiviamo l'opzione *X-Ray*. Questa opzione renderà visibili le ossa anche in modalità di visualizzazione *Solid*.

fig. 228 la spunta sull'opzione *X-Ray*

Estrudiamo la coda dell'osso, creando un nuovo osso lungo fino all'attaccatura della testa, quindi estrudiamo ancora, ottenendo un osso unico che controlli il capo del *character*.

Si noti che non esiste un vero e proprio osso "*cranio*".

181

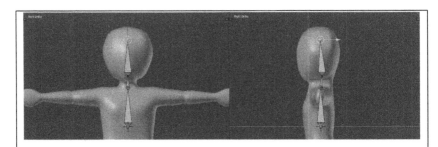

fig. 229 estrusione delle ossa del collo e della testa

Estrudiamo quindi verso il basso la testa dell'osso del torso, ottenendo un nuovo osso per la zona dell'addome e del bacino.

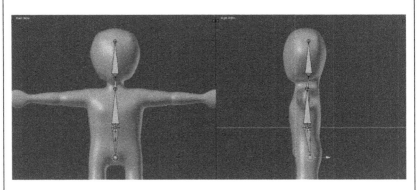

fig. 230 osso del bacino

Duplichiamo ora un osso, ruotiamolo e posizioniamo la sua testa in corrispondenza della spalla sinistra del *character*, quindi spostiamo la coda fino al gomito.

Estrudiamo ancora fino al polso, quindi la rudimentale mano.

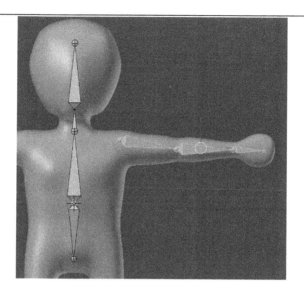

fig. 231 estrusione del braccio sinistro

Operiamo nello stesso modo con la gamba sinistra, creando un osso per la tibia, uno per il perone, uno per il collo del piede e uno per le dita.

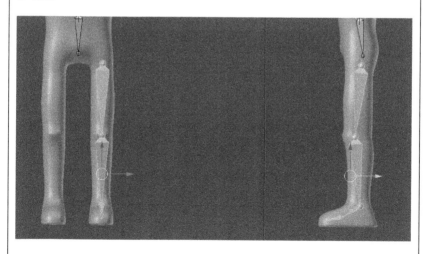

fig. 232 estrusione della gamba sinistra

c) Rigging e parentele fra le ossa

Selezioniamo l'avambraccio sinistro, quindi il tronco e digitiamo CTRL + P, scegliendo l'opzione *Keep Offset*, per imparentare i due elementi. Una linea tratteggiata indicherà la parentela.

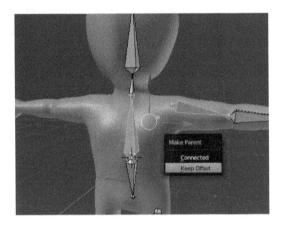

fig. 233 imparentare l'avambraccio con il tronco

Operiamo in modo analogo con la gamba, imparentando la tibia con l'osso del bacino (o addome).

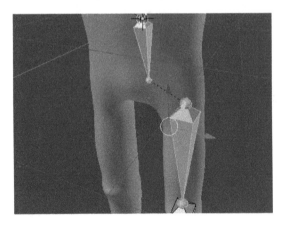

fig. 234 imparentare la tibia con il bacino

A questo punto occorre armarsi di tanta pazienza e rinominare tutte le ossa con aggiungendo il suffisso _L (per *left*), ad esempio *nome_osso_L*, nella *Properties Bar* o nel *tab Bones*.

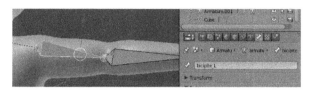

fig. 235 rinominare le ossa

Rinominiamo infine, nel *tab Data* della finestra *Properties* l'armatura.

d) Mirroring del rig

Per inserire l'ossatura anche nella parte destra del *character*, il metodo più rapido è quello di selezionare le ossa del braccio e della gamba, già imparentate col tronco e il bacino, duplicarle con SHIFT + D e scalarle rispetto a x del valore -1 (digitando S, X, -1), dopo aver posizionato il *pivot* in corrispondenza del *3D Cursor* al centro del *character*.

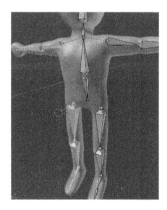

fig. 236 specchiatura tramite scalatura negativa delle ossa del braccio e della gamba

Con le ossa destre selezionate, rinominiamole in automatico, scegliendo la voce *Flip Names* dal menu *Armature*.

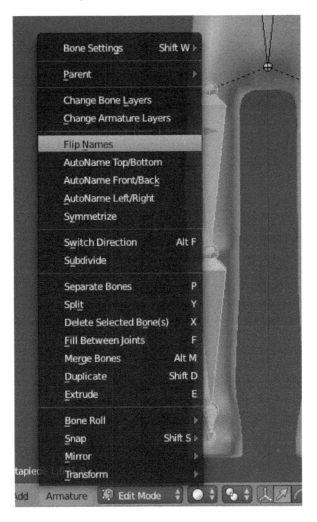

fig. 237 *Filp Names*

Le ossa destre saranno automaticamente rinominate con il suffisso _R (per *right*).

e) Skinning

Per *skinning* si intende il legame tra la *mesh* e l'armatura.

A meno di *mesh* particolarmente complesse, di solito lo *skinning* viene effettuato con un metodo molto semplice e in automatico.

In *Object* Mode, selezioniamo prima la *mesh*, poi l'armatura (che diverrà l'oggetto attivo in arancio chiaro).

Digitiamo CTRL + P e scegliamo l'opzione *With Automatic Weights*.

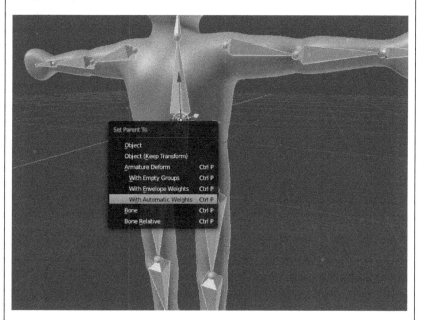

fig. 238 imparentare l'armatura alla *mesh*

In questo modo si è scelto di imparentare l'armatura alla *mesh* secondo un peso assegnato in automatico ai vertici più prossimi ai singoli nodi (testa e coda) delle ossa.

187

Già a questo punto, entrando in *Pose Mode*, selezionando un osso e applicando una trasformazione (ad esempio la rotazione), la *mesh* ne subirà l'influenza e verrà piegata secondo la nuova posizione dell'osso.

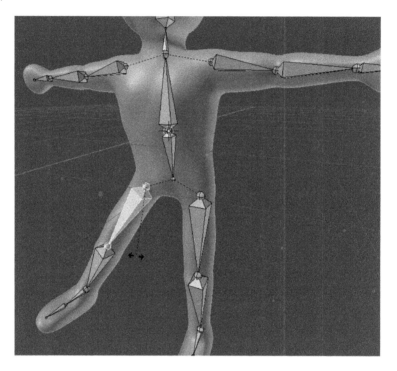

fig. 239 in *Pose Mode*, la tibia destra selezionata è stata ruotata, provocando automaticamente la rotazione dell'intera gamba

Per correggere manualmente il peso da assegnare ai vertici in prossimità delle giunture dell'armatura, selezioniamo la *mesh*, entriamo in *Weight Paint Mode* e, nel *tab Options* della *Tools Shelf* spuntiamo *X-Mirror* per forzare le stesse modifica nella zona simmetrica della *mesh*.

Tenendo premuto il tasto CTRL, con LMB è possibile selezionare l'osso desiderato e operare con la "*pittura*" del peso dei vertici.

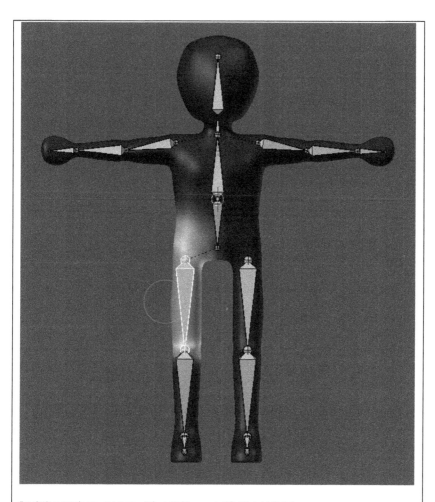

fig. 240 correzione del peso dei vertici in modalità *Weight Paint*

f) Cinematica Inversa (IK)

Prima di proseguire occorre dare una definizione a quella che è nota come *cinematica inversa* (**IK**, *Inverse Kinematic*).

Se provate a sollevare un piede da terra, noterete senza dubbio che l'anca ruoterà e solleverà la coscia e con lei verrà sollevato anche il perone. Inversamente, se provate ad accovacciarvi tutto lo scheletro, le cui ossa sono tra loro connesse, subiranno una rotazione e una traslazione.

Nel *rigging* può essere notevolmente più conveniente, nel mettere in posa un *character*, in luogo di spostare e ruotare manualmente ogni singolo osso, lavorare con la cinematica inversa.

In *Pose Mode*, entriamo nel pannello *Options* del *tab Options* della *Tools Shelf*, spuntiamo *Auto IK*

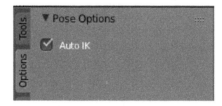

fig. 241 *Auto IK*

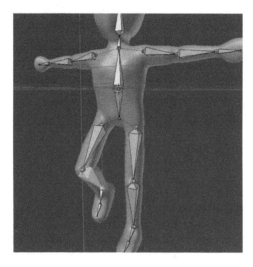

fig. 242 sollevando un piede, si piegherà il ginocchio

Selezioniamo un osso del piede e solleviamolo con G, Z. Tutta la gamba automaticamente si piegherà in modo molto naturale.

Nella sequenza qui sotto è riprodotto il movimento di un calcio.

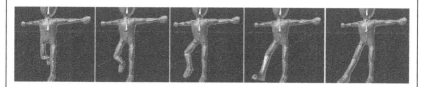

fig. 243 sequenza che simula il movimento di una gamba che calcia

g) Animazione ciclica della camminata del character

A questo punto non ci resta che simulare una semplice animazione.

Faremo camminare il nostro personaggio con una sequenza di pose cicliche.

Innanzi tutto fissiamo la posa a riposo del character. Abbassiamo le braccia e, dal menu Pose, scegliamo l'opzione Apply Pose as Rest Pose dal sottomenu Apply.

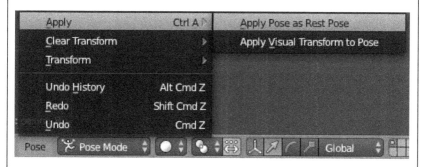

fig. 244 posa a riposo

Nella *Timeline* clicchiamo sul pulsante Record per registrare ogni movimento delle ossa,

fig. 245 il pulsante *Record* della *Timeline*

Apriamo ora la finestra *Dope Sheet* e impostiamola in modalità *Action Editor*. Clicchiamo su *new* rinominando eventualmente l'azione come "*Camminata*".

Posizioniamoci in vista laterale (3 NUM) e ruotiamo e spostiamo le ossa in modo da ottenere una prima posa del *character*.

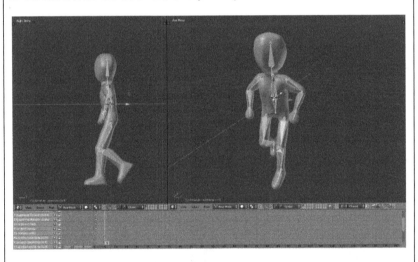

fig. 246 prima posa e inserimento dei *keyframe*

Automaticamente verranno creati una serie di *keyframe* relativi alle trasformazioni effettuate sull'armatura.

Posizioniamoci ora al fotogramma 5 e spostiamo le gambe e le braccia come in figura.

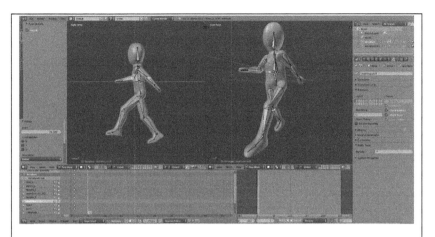

fig. 247 seconda posa al fotogramma 5

Proseguiamo con le pose ogni 5 fotogrammi fino al n. 25.

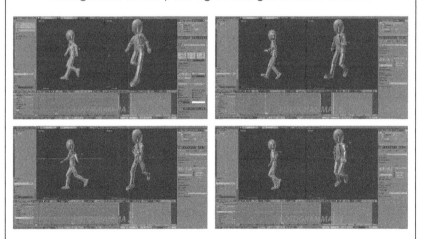

fig. 248 pose ai fotogrammi 10, 15, 20 e 25

Il primo ciclo della camminata del nostro *character* è stata definita.

Per creare una sequenza ciclica ti tali fotogrammi, apriamo la finestra *NLA Editor*.

Espandiamo la traccia e duplichiamo il numero di volte desiderato la regione in cui sono contenuti tutti gli eventi.

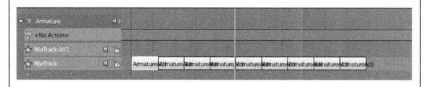

fig. 249 copia degli eventi nel *Dope Sheet Editor*

Lanciamo infine l'animazione.

Vi invitiamo a registrarvi sul sito www.blendswap.com, in cui potrete trovare e scaricare gratuitamente centinaia di modelli in formato *.blend* di ottima fattura e *character* già *riggati*, di cui proponiamo l'amata *Sintel*.

fig. 250 *rigging Sintel*

194

4.5. Facial Rigging

Il *rigging* facciale, che consente di ottenere espressioni del *character*, come il sorriso, il movimento dei bulbi oculari, l'apertura e la chiusura della bocca, etc. segue esattamente la stessa tecnica precedente, con la differenza che le parti del viso soggette a deformazione, dovranno essere concatenate a specifiche ossa.

Blender, anche in questo caso, ci viene incontro, fornendoci la possibilità di inserire un'armatura già composta di tutte le ossa facciali 8che forse dovremmo in questo caso definire muscoli facciali, data la loro funzione).

Digitando SHIFT + A nella 3D view, dal menu *Armature* potrete scegliere *Human (Meta Tag)* per inserire un *rigging* completo di tutte le ossa del corpo, ad esclusione di quelle facciali, oppure *Pitchipoy Human (Meta Tag)* per inserire un'armatura davvero complessa.

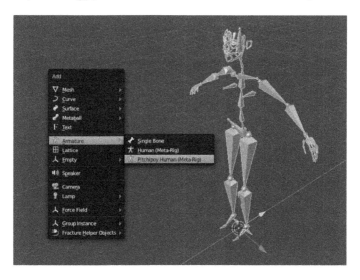

fig. 251 *Pitchipoy Human (Meta Tag)*

195

La struttura delle ossa (o la muscolatura, se preferite) facciale è decisamente complessa e precisa e adattata ad un viso.

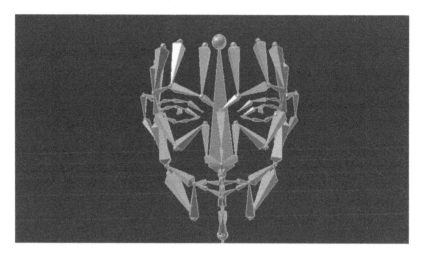

fig. 252 ossatura facciale

Vi invitiamo ad esercitarvi, completando, ad esempio, l'operazione di *rigging* (sul corpo e facciale) su *Sintel* nel *file* allegato *sintel_facial_rigging.blend*.

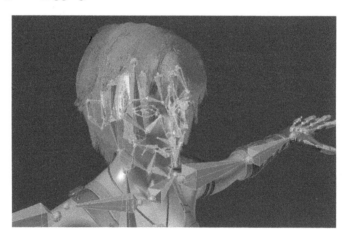

fig. 253 *facial rigging* su *Sintel*

196

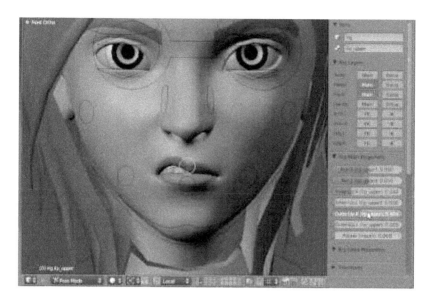

fig. 254 espressione di *Sintel*

In modo analogo, le ossa delle mani e dei piedi possono controllare tutte le falangi, così come i bulbi oculari possono essere facilmente ruotati grazie ad un osso di controllo.

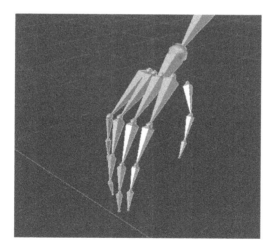

fig. 255 le ossa della mano

197

4.6. La finestra Properties riferita alle armature

Al termine di questa divertente esercitazione, per concludere l'argomento *rigging*, dobbiamo passare in rassegna tutti i comandi, le opzioni e gli strumenti all'interno dei *tab Data* e *Bones* dedicati alle ossa e alle armature.

4.6.1. il *tab Data*

fig. 256 il *tab Data*

Il *tab Data* dispone di 9 pannelli dedicati alle armature. L'icona, prende la forma di un piccolo *character* in posa frontale.

Analizziamo, come sempre, uno per uno, tutti i pannelli disponibili.

Innanzi tutto, come per tutti gli oggetti, è possibile rinominare l'armatura selezionata dal campo di testo nella parte alta del *tab*.

Il pannello **Skeleton** riassume tutte riassume le caratteristiche generali dell'armatura, vale a dire:

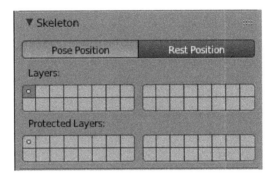

fig. 257 il pannello *Skeleton* del *tab Data*

- lo *switch Pose Position/Rest Position* visualizzano l'armatura rispettivamente la posa dell'armatura oppure la configurazione iniziale (a riposo);

- *le caselle Layer* definiscono con un puntino arancio in che *layer* è inserita l'armatura selezionata. Sono disponibili 32 *layer*;

- le caselle *Protected Layers* (32) definiscono il collegamento dell'armatura selezionata all'interno di una scena differente a quella in corso;

Il pannello **Display** fornisce le informazioni circa la visualizzazione dell'armatura e delle ossa nell'ambiente 3D.

fig. 258 il pannello Display del tab Data

- Lo *switch* a 5 pulsanti definisce lo stile di visualizzazione delle ossa dell'armatura nella 3D view, ossia:

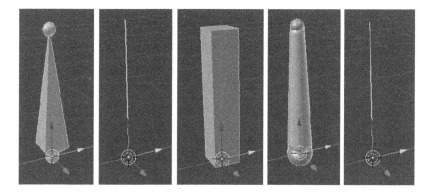

fig. 259 i 5 stili di visualizzazione delle ossa. Da sinistra verso destra: Ocataedral, Stick, B-Bone, Envelope, Wire

- *Octaedral*, visualizzazione di default, mostra l'osso composto da due nodi alle estremità (*Head* e *Tail*) e da un corpo centrale a forma di ottaedro allungato;

- *Stick*, visualizzazione semplificata per configurazioni molto complesse o durante la messa in posa del *character*, mostra il corpo come un elemento bidimensionale e i nodi come due vertici;

- *B-Bone*, visualizzazione geometrica, mostra l'osso come un semplice parallelepipedo;

- *Envelope*, visualizzazione utile per mostrare l'area di influenza di ciascun osso sulla *mesh*, è definito da un corpo centrale conico (o cilindrico) e dalle estremità sferiche;

- *Wire*, mostra l'osso a fil di ferro;

- La spunta *Names* visualizza nella 3D view il nome di ciascun osso;

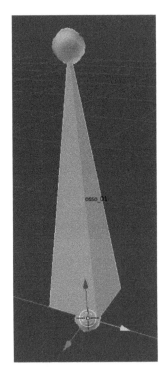

fig. 260 visualizzazione del nome dell'osso nella 3D view

- *Axes* visualizza gli assi delle ossa;

- *Shapes* visualizza le forme specifiche per le ossa;

- *Colors* visualizza i colori attribuiti ai gruppi di ossa, in modo da rendere più chiaro il raggruppamento (ad esempio tutte le ossa delle braccia in rosso, delle gambe in giallo, del tronco in blu e della testa in verde);

- *X-Ray* mostra le ossa ai raggi X, anche in visualizzazione *Solid* della *mesh*;

- *Delay Refresh* impedisce che venga visualizzata la deformazione delle ossa *children* durante la modifica in *Pose Mode*.

Nel pannello **Bone Groups** le ossa selezionate possono essere raggruppate in uno specifico gruppo, esattamente con la stessa metodologia in cui si possono raggruppare tra loro i vertici (*Vertex Group*). Pertanto, un nuovo gruppo può essere aggiunto o rimosso (pulsanti + e -) e rinominato. Le ossa possono essere associate o dissociate dal gruppo cliccando rispettivamente sui pulsanti *Assign* e *Remove*; visualizzate o deselezionate nel gruppo cliccando sui pulsanti *Select* e *Deselect*.

fig. 261 il pannello *Bone Groups* del *tab Data*

Una volta creato un gruppo, compariranno una casella di testa (*Name*) in cui rinominare il gruppo (ad esempio "*ossa del braccio*" e il colore (*Color Set*).

Nel pannello **Pose Library** è possibile salvare le pose associate all'oggetto in una libreria specifica, in modo da poter essere richiamate o riutilizzate per altri oggetti.

Nel pannello **Ghost** è possibile visualizzare una serie di diverse pose consecutive come percorso, come una traccia, una scia, molto utile durante le animazioni, definito *ghosting*, ossia l'interpolazione delle pose fra un fotogramma e l'altro. È utilizzabile solo in *Pose mode*.

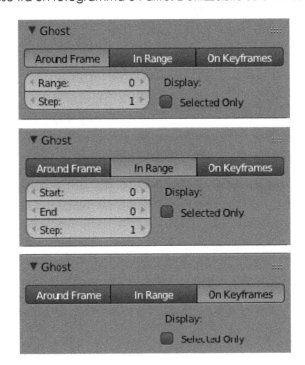

fig. 262 il pannello *Ghost* del *tab Data*

Si può scegliere fra tre differenti metodi: *Around Frame*, *In Range* e *On Keyframes*. A seconda del metodo utilizzato si attivano differenti opzioni. I primi due sono molto simili e definiscono l'intervallo di fotogrammi da impiegare.

Nel primo metodo sono disponibili i seguenti parametri:

- *Range*, che definisce il numero di passi intorno al fotogramma corrente da mostrare come *ghost*;

- Step, che definisce il numero di passi per ogni fotogramma;

Nel secondo:

- *Start*, che definisce *il frame* di partenza dell'animazione;

- *End, che definisce il* frame di interruzione;

- *Step*, che definisce il numero passo per ogni fotogramma.

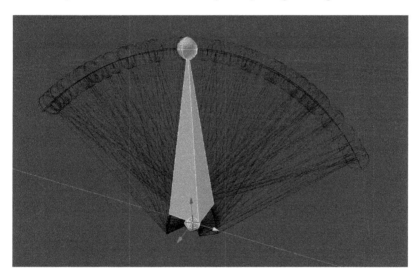

fig. 263 la scia disegnata in modalità *In Range* dell'osso nei fotogrammi chiave

Nell'ultimo metodo (che mostra la posizione delle ossa solo in corrispondenza dei *keyframes*) è disponibile solo la spunta *Selected Only* (comune anche agli altri due) che mostra il *ghosting* soltanto per le ossa selezionate.

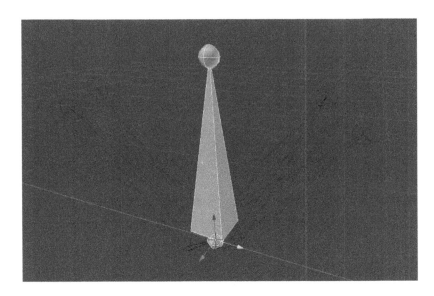

fig. 264 la scia disegnata in modalità *On Keyframe* dell'osso nei fotogrammi chiave

Il pannello **Motion Path** è concettualmente molto simile al precedente.

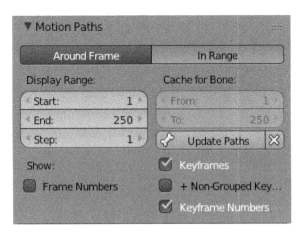

fig. 265 il pannello *Motion Path* del *tab Data*

Anziché tracciare una scia delle ossa rispetto ai fotogrammi, questo pannello traccia il percorso che l'osso disegna durante l'animazione.

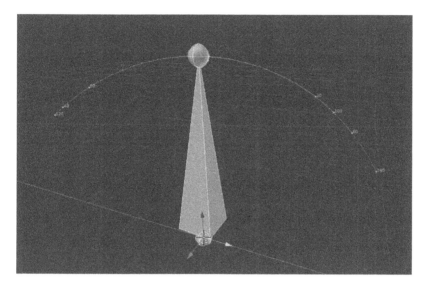

fig. 266 la traccia (*Path*) disegnata in dell'osso nei fotogrammi chiave

- *Start*, *End* e *Step* hanno la stessa funzione vista nel pannello *Ghost*;

- La spunta *Show Frame Number* scrive nella 3D view, in corrispondenza della curva il numero dei fotogrammi in corrispondenza di ogni posa;

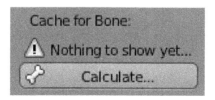

fig. 267 il pulsante *Calculate*

- Cliccando sul pulsante con l'osso *Calculate*, Blender esegue il *bake* e il calcolo della curva in base alle pose associate alle ossa e attiva i contatori *From* e *To* e *Update Paths* (nella sezione *Cache from Bone*) in cui definire il *range* di fotogrammi entro cui rieseguire nuovi *bake*;

- La spunta *Keyframes* disegna sulla alla curva, dei vertici corrispondenti nella posizione della posa, ai fotogrammi in cui è registrato un evento (posa);

- La spunta + *Non-Grouped Keyframes*, per i percorsi di movimento delle ossa, ricerca l'azione per i fotogrammi chiave dei gruppi di ossa;

- La spunta *Keyframes Numbers*, infine, scrive accanto ai vertici che indicano un *keyframe* sulla curva, il numero del fotogramma corrispondente.

Il pannello **Inverse Kinematics** definisce tutti i parametri che controllano il comportamento e la risposta delle ossa quando viene attivata la cinematica inversa.

Il menu *IK Solver* definisce il tipo di cinematica inversa adottata. *Standard* è l'opzione di *default* che non necessita di alcuna parametrazione.

In modalità *iTaSC*, invece si attivano una serie di pulsanti e opzioni.

Il primo parametro da definire, in questa modalità, è se si tratta di una animazione (*Animation*) o una simulazione (*Simulation*), scegliendo dallo *switch*.

- Sotto *Animation*, si attivano:

    - *Precision*, che definisce la precisione della convergenza in caso di reiterazione;

- *Iteration*, che imposta il numero massimo delle ripetizioni (iterazioni) per la convergenza in caso di reiterazioni;

- *Solver* attiva un menu a tendina in cui definire il *damping* (smorzamento) manuale (*DLS*) o automatico (*SDLS*). Nel primo caso è possibile regolare i parametri *Damping* (smorzamento) e *Eps* (sensibilità);

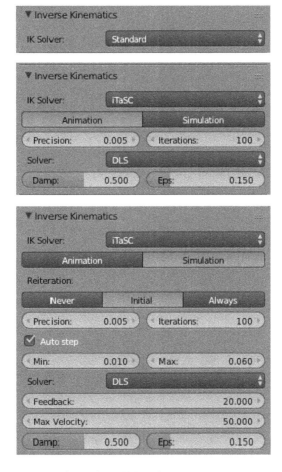

fig. 268 il pannello *Inverse Kinematics* del *tab Data*

- Sotto *Simulation* si attivano invece:

- Lo *switch Reiteration*, che permette di scegliere il tipo di reiterazione della simulazione, tra *Never* (nessuna), *Init* (iniziale) o *Always* (sempre);

- *Precision*, che definisce la precisione della convergenza in caso di reiterazione;

- *Iteration*, che imposta il numero massimo delle ripetizioni (iterazioni) per la convergenza in caso di reiterazioni;

- La spunta *Auto-step* imposta automaticamente il numero di passi per una migliore accuratezza del movimento;

- *Min* e *Max* determinano invece il limite inferiore e superiore per i passi;

- Anche in questa modalità è presente il menu *Solver*, che definisce il *damping* (smorzamento) manuale (*DLS*) o automatico (*SDLS*). Nel primo caso è possibile regolare i parametri *Damping* (smorzamento) e *Eps* (sensibilità). Oltre a *Damp* e *Eps*, con il metodo *DLS* si attivano 2 ulteriori opzioni:

- *Feedback* (impostato di *default* a 20), che definisce un coefficiente di correzione degli errori;

- *Max Velocity* (di default impostato a 50), che definisce la dinamicità massima di smorzamento nel nodo, espressa in *rad/s*.

Nel pannello **Rigify Layer Names** è possibile riassumere l'organizzazione in *layer* delle varie armature.

Ogni *layer* può essere acceso o spento, rinominato e gli si può assegnare un indice.

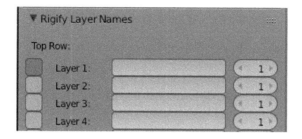

fig. 269 il pannello *Inverse Rigify Layer Names* del *tab Data*

Nell'ultimo pannello, **Rigify Buttons**, è possibile generare, cliccando sul pulsante *Generate*, un controller grafico del *rigging* (detto **Metarig**) dell'armatura attiva.

fig. 270 il pannello *Inverse Rigify Buttons* del *tab Data*

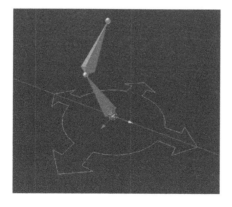

fig. 271 il *metarig* applicato all'armatura corrente

211

Questo si traduce all'associazione all'armatura selezionata di un osso o di una configurazione di ossa predefinita (dito, osso singolo etc.), scelto dalla lista, e confermato cliccando su *Add Sample*, che apparirà nel pannello *Rgify Buttons* in modalità *Edit Mode*.

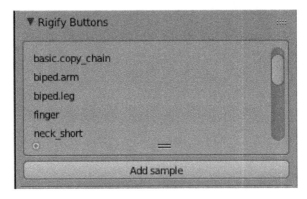

fig. 272 il pannello *Inverse Rigify Buttons* del *tab Data* in *Edit Mode*

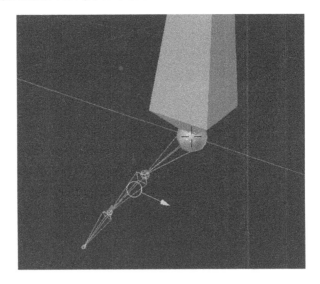

fig. 273 cliccando su *Add Sample* e selezionando dalla lista *finger* viene associata all'armatura una configurazione di ossa adatte per un dito

4.6.2. il *tab Bones*

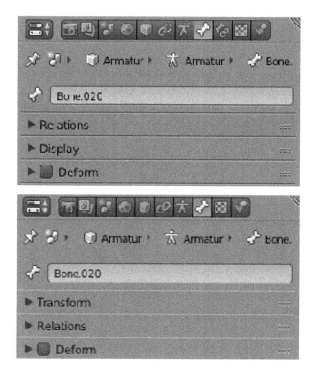

fig. 274 il *tab Bones* in *Object Mode* (in alto) e in *Edit Mode* (in basso)

In questo *tab* sono contenute tutte le proprietà relative alle ossa.

I pannelli contenuti in questo *tab* variano e si adattano a seconda della modalità nella 3D view riferite alle ossa, vale a dire, *Object Mode*, *Edit Mode* e *Pose Mode*.

Vediamoli nel dettaglio dapprima nelle modalità *Object* e *Edit* (in cui si attivano pannelli molti simili) e, successivamente, in *Pose Mode*.

213

Il pannello **Transform** (disponibile soltanto in *Edit Mode*) contiene tutte le informazioni relative al posizionamento secondo gli assi x, y e z della testa (*Head*) e della coda (*Tail*), della rotazione attorno al suo asse (*Roll*) dell'osso selezionato. La spunta *Lock* blocca ogni trasformazione.

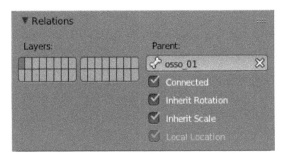

fig. 275 il pannello *Transform* del *tab Bones* in *Edit Mode*

Il pannello **Relations** riassume le informazioni relative al *layer* a cui appartiene l'osso selezionato, il rapporto di parentela con altre ossa selezionate nell'apposito campo e il tipo di rapporto: connessione (*Connected*), legame sulla rotazione (*Inherit Rotation*), sulla scala (*Inherit Scale*) e sulla posizione (*Local Location*).

fig. 276 il pannello *Relations* del *tab Bones*

Il pannello **Display** (disponibile solo in *Object Mode*) contiene le informazioni sulla visualizzazione delle ossa.

- La spunta *Hide* nasconde l'osso e le ossa selezionate;

- La spunta *Wireframe* le visualizza a fil di ferro;

- Il menu *Custom Shape* prende la forma di un altro oggetto nella scena. La pipetta, sulla destra del campo, consente di selezionare l'oggetto nell'3D view.

fig. 277 il pannello *Display* del *tab Bones* in *Object Mode*

Il pannello **Deform** consente di deformare l'osso e definire la sua influenza (*weight*).

Disattivando con la spunta questo pannello, l'osso non avrà alcuna influenza sulla *mesh*.

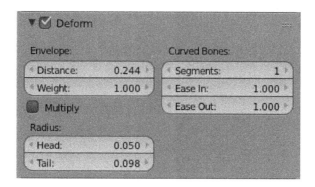

fig. 278 il pannello *Envelope* del *tab Bones*

- Nella sezione *Envelope* viene definita l'area di intervento (*Distance*) visualizzata con un'ovale grigio chiaro attorno all'osso e il peso (*Weight*), o influenza. La spunta su *Multiply* moltiplica l'effetto dell'influenza;

- Nella sezione *Radius* si definiscono graficamente le dimensioni della testa (*Head*) e della coda (*Tail*) dell'osso in visualizzazione *Envelope*. Si noti che qualora uno di questi nodi fosse connesso con un altro osso, non potrà essere modificato nelle dimensioni;

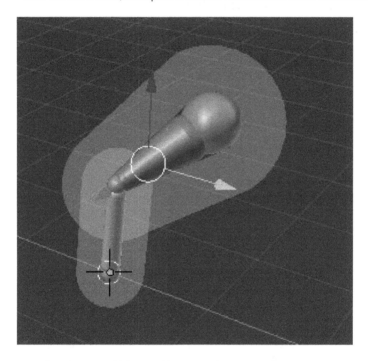

fig. 279 modifica dell'area di influenza (ovale grigio), del peso (osso colorato in rosso) e delle dimensioni della coda dell'osso selezionato

- Nella sezione *Curved Bones* è possibile deformare le ossa (esclusivamente in modalità *B-Bones*, suddividendole in più segmenti (*Subdivide*), e gestendo la curvatura con i parametri *Ease In* e *Ease Out*.

216

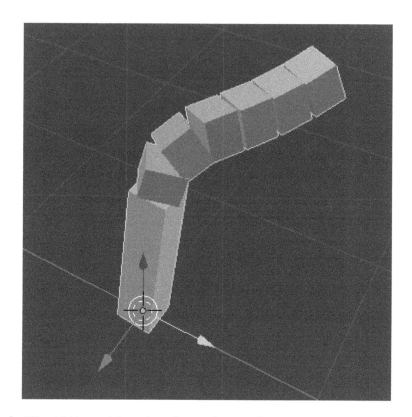

fig. 280 suddivisione e deformazione di un osso in modalità *B-Bones*

Con l'osso o le ossa selezionate in modalità *Pose Mode*, i pannelli contenuti nel *tab Bones* variano ulteriormente e si adattano per fornire informazioni e definire le proprietà in questa speciale modalità.

Sono disponibili 7 pannelli, di cui **Transform**, **Relations**, **Display** e **Deform** contengono le stesse informazioni rispetto ai corrispondenti pannelli in modalità *Object Mode* e *Edit Mode*.

217

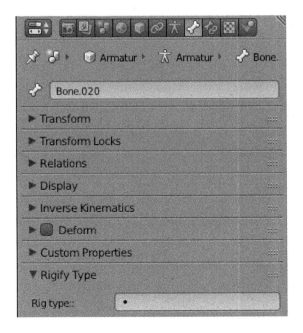

fig. 281 il *tab Bones* della finestra *Properties* in modalità *Pose Mode*

Nel pannello **Transform Locks** è possibile bloccare, cliccando nelle apposite caselle con il lucchetto, gli spostamenti (*Location*), le rotazioni (Rotation) e la scalatura (*Scale*), in direzione o secondo gli assi x, y e z.

fig. 282 il pannello *Transform Locks* del *tab Bones* in *Pose Mode*

La spunta *Lock Rotation* blocca automaticamente ogni rotazione, mentre il pulsante con il lucchetto *W* blocca l'*editing* di tutte e 4 le componenti angolari di rotazione.

Nel pannello **Inverse Kinematics** sono contenute le informazioni riguardanti i parametri i limiti di rigidità (*Stiffness*) separatamente nelle direzioni di spostamento *X, Y* e *Z*.

Questi parametri sono assai utili per definire dei limiti di movimento in determinate direzioni, come ad esempio una rotazione massima della testa di un *character*, della rotazione del braccio, del ginocchio, etc.

fig. 283 il pannello *Inverse Kinematics* del *tab Bones* in *Pose Mode*

Nell'ultimo pannello, **Rigify Type**, imposta dei *rig* predefiniti scelti dalla lista *Rig Type*, all'osso o alle ossa selezionate.

Una volta scelta la tipologia, ad esempio *Finger*, si attiva una sezione *Option* nel pannello, in cui si definiscono:

- il *layer* o i *layer* dei controlli separati delle ossa selezionate (*Separate Secondary Control Layers*);

- l'asse di rotazione principale delle ossa, definito dal menu a tendina *Bend Rotation Axis*;

- la possibilità di generare una configurazione di un osso a doppia torsione (*Digit Twist*).

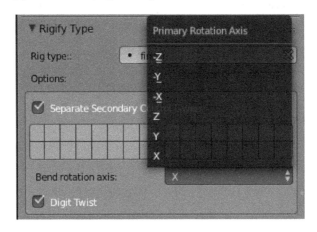

fig. 284 il pannello *Rigify Type* del *tab Bones* in *Pose Mode*

5

SCULPTING

5.1. Introduzione

Lo **Sculpting** è una funzionalità avanzata assai utile per la modellazione dettagliata delle *mesh*.

Di solito utilizzata per scolpire i dettagli dei *character*, raggiunge un grado di complessità molto elevato, alla pari, o quasi, dei più famosi *software* dedicati per lo *sculpting*, come il celebre *ZBrush*.

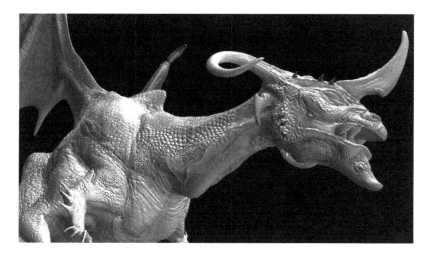

fig. 285 un drago realizzato e scolpito in Blender (fonte www.blender.org)

Tecnicamente si tratta di una versione alternativa, o meglio, aggiuntiva dell'*Edit Mode*, che agisce sui vertici di una *mesh* con l'uso dei pennelli (*brush*), o forse sarebbe più consono, in questo caso, chiamarli scalpelli, in modo analogo al sistema di lavoro in modalità *Texture Paint*.

Va da sé, come più volte abbiamo ripetuto nel corso delle lezioni, che maggiore sarà la geometria della *mesh* più possibilità avremo di ottenere risultati definiti e soddisfacenti.

223

Nella suddivisione della *mesh*, pronta per essere scolpita, consigliamo il modificatore *Multiresolution*, perché ci permette di ottenere differenti livelli di precisione a seconda dell'ambiente di lavoro in cui ci si trova.

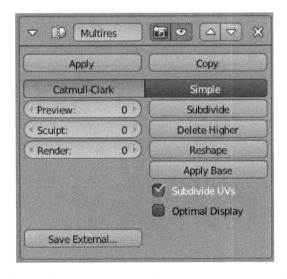

fig. 286 il modificatore *Multiresolution* è assai utile in ambiente *Sculpt Mode*

5.2. Sculpt Mode

La modalità **Sculpt Mode** (l'ultima disponibile richiamabile dal menu *Mode* dell'*header* della 3D view) è quella in cui è possibile scolpire e modellare i dettagli delle *mesh* selezionate.

fig. 287 *Sculpt Mode*

2.5.1. La *Tools Shelf* in *Sculpt Mode*

In questa modalità, la *Tools Shelf* e i menu dell'*header* della 3D view restituiscono comandi, strumenti e funzionalità dedicate allo *sculpting*.

La maggior parte dei comandi si trovano proprio nella *Tools Shelf* e, come accennato, sono del tutto simili a quelli già incontrati in ambiente *Texture Paint*, con la differenza che con i pennelli selezionati non andremo a dipingere sulla *mesh*, ma a scolpirla, stirando o schiacciando i vertici all'interno dell'area di influenza del pennello.

Ad esempio, con questo metodo è possibile aggiungere dettagli al *character* stesso, come le corna, bolle e bubboni, vene in superficie, graffi e asperità, ma anche orbite, rugosità e squame sulla pelle, come nel caso del drago.

fig. 288 col pennello è immediato estrapolare le corna dalla testa di *Suzanne*, così come disegnare delle vene superficiali sulla fronte.

Ci preme precisare che la qualità del dettaglio dipende direttamente da due fattori:

1) la geometria della *mesh*;

2) la distanza del *brush* dalla superficie da scolpire.

Nell'ultima versione di Blender, a cui fa riferimento questo volume, sono disponibili ben 18 *brush* predefiniti, con funzioni additive (espansione della geometria) o sottrattiva (depressione).

Questi strumenti si trovano nella *Tools Shelf* della 3D view (in *Sculpt Mode*).

226

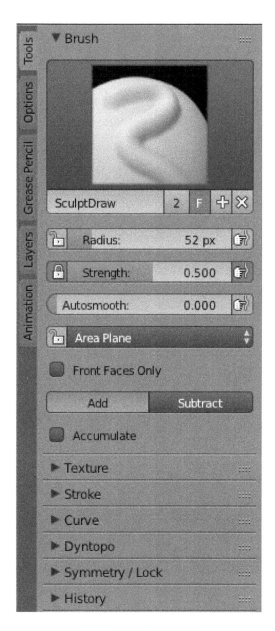

fig. 289 la *Tools Shelf* della 3D view in ambiente *Sculpt Mode*

227

I *tab* specifici per lo *sculpting* sono due: *Tools* e *Options*.

A) *TAB TOOLS*

All'interno del *tab* **Tools** sono presenti 7 pannelli dedicati agli strumenti per la scultura.

Il pannello **Brush** dispone, in modo analogo, ai pennelli in modalità *Texture Paint*, di tutti gli strumenti principali per la scultura, gli scalpelli, se così si può dire, richiamabili dalla casella raffigurante un *brush*.

Cliccando sulla casella si apre un *browser* grafico, dal quale è possibile selezionare il *brush* desiderato.

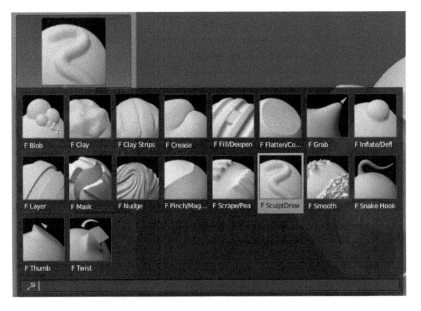

fig. 290 i *brush* dello *Sculpt Mode*

Le immagini raffigurano chiaramente l'effetto e la funzionalità di ogni *brush*.

228

Ogni *brush* ha un nome (che può essere modificato dalla casella di testo sottostante) e può essere copiato ed eliminato come un normale pennello o materiale.

Di seguito troviamo tre importanti *cursori*:

- *Radius*, che definisce il raggio di influenza del *brush*, visualizzabile a video con un cerchietto rosso;

- *Strength*, che definisce la forza impressa dal *brush* sulla superficie da scolpire;

- *Autosmooth* che regola l'auto smussatura, un po' come se si lavorasse in *proportional editing*;

Il menu *Sculpt Plane* definisce la direzionalità dell'intervento di *sculpting*, vale a dire se si intende agire nella direzione forzata di un preciso asse (x, y o z), secondo la vista corrente *View Plane*) o secondo la normale alla superficie (*Area Plane*).

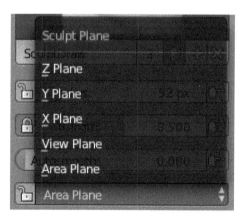

fig. 291 il menu *Sculpt Plane*

La spunta su *Front Faces Only* impone al *brush* di intervenire esclusivamente sulle facce a vista.

Lo *switch Add* e *Subtract* definisce il verso, rispetto alla superficie, secondo cui avverrà la scultura del *brush*, ossia verso l'esterno (*Add*) o verso l'interno (*Subtract*).

La spunta *Accumulate* impone di accumulare materiale su quanto già scolpito, funzione utile soprattutto con i *brush* additivi (*Add*).

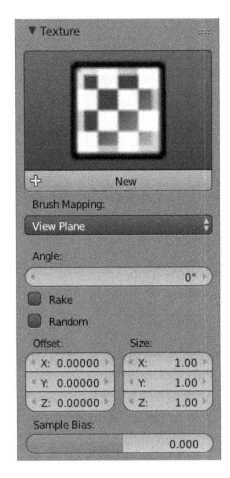

fig. 292 il pannello *Texture* della *Tools Shelf* in *Sculpt Mode*

Nel pannello **Texture** sono disponibili gli stessi strumenti già utilizzati in *Texture Paint*, utili per scolpire, in questo caso, secondo una *texture* caricata nel *browser*.

Si rimanda alle nozioni relative all'omonimo pannello in modalità *Texture Paint* per i dettagli di questi strumenti, a meno di tre opzioni specifiche per lo *sculpting*:

- la spunta *Rake*, che impone che l'angolo specificato sopra alla spunta segua il più possibile la direzione del tratto del pennello;

- la spunta *Random*, che aggiunge una componente di casualità all'angolo;

- il cursore *Sample Bias*, che aggiunge campioni alla *texture* selezionata, migliorandone il dettaglio.

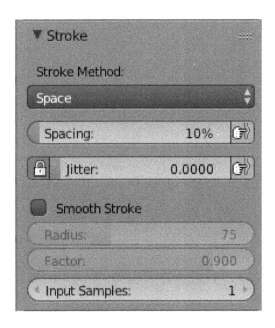

fig. 293 il pannello *Stroke* della *Tools Shelf* in *Sculpt Mode*

Anche per quanto riguarda il pannello **Stroke**, che definisce i parametri relativi al tratto, cioè al metodo utilizzato per la scultura, i parametri sono stati già analizzati nel capitolo relativo al *Texture Paint*.

In particolare, la tecnica di scultura viene definita nel menu *Stroke Method* da cui scegliere: *Dots, Drag Dot, Space* (di *default*), *Airbrush, Anchored, Line, Curve*.

fig. 294 il menu *Stroke Method*

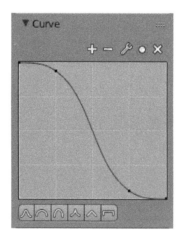

fig. 295 il pannello *Curve* della *Tools Shelf* in *Sculpt Mode*

Anche il pannello **Curve** è identico a quello relativo al *texture Paint* e consente di controllare il decadimento della "vernice" prodotta dal pennello. La modifica della forma della curva renderà il pennello più morbido o più duro.

Per *Topologia* si definisce la composizione e il disegno delle linee e dei poligoni di una determinata *mesh*.

Il pannello **Dyntopo** va abilitato cliccando sul pulsante *Enable Dyntopo*.

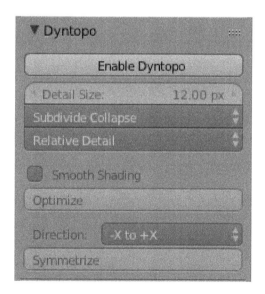

fig. 296 il pannello *Dyntopo* della *Tools Shelf* in *Sculpt Mode*

In questo pannello è possibile alterare in modo dinamico la topologia della *mesh* durante l'operazione di *sculpting*. In pratica

233

consente di scolpire mentre, in tempo reale, si assiste alla ridisposizione dinamica dei vertici della *mesh*.

fig. 297 *Dynamic Tolopogy Sculpting*

- *Detail Size* (espresso in *pixel*) definisce la lunghezza massima degli spigoli generati dallo *sculpting*;

- il menu *Detail Refine Method* apre un menu a tendina in cui specificare una delle seguenti opzioni:

  - *Subdivide Collapse*, che divide gli spigoli troppo lunghi e comprime quelli troppo corti, al fine di ottenere una geometria più regolare possibile;

  - *Collapse Edges*, che comprime i soli spigoli troppo corti;

  - *Subdivide Edges*, che suddivide i soli spigoli troppo lunghi.

234

- il menu *Detail Type Method* apre un menu a tendina in cui specificare in che modo devono essere calcolati il ridimensionamento della *mesh* scolpita (*Relative Detail, Constant Detail, Brush Detail*);

- la spunta *Smooth Shading* smussa l'ombreggiatura della la superficie;

- *Optimize* ricalcola e ottimizza la geometria della *mesh* scolpita;

- *Direction* specifica la direzione dell'eventuale simmetria dello *sculpting* (rispetto a x, y, o z);

- *Simmetrize* render simmetriche le operazioni di *sculpting*.

Il pannello **Symmetry/Lock** gestisce la simmetria nelle operazioni di *sculpting*.

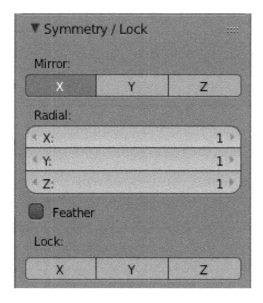

fig. 298 il pannello *Simmetry/Lock* della *Tools Shelf* in *Sculpt Mode*

- Lo *switch* a tre pulsanti *Mirror* (X, Y, Z) definisce secondo quale direzione di simmetria le operazioni di *sculpting* effettuate su un lato della *mesh* saranno automaticamente specchiate sul lato opposto.

fig. 299 scolpendo il corno sul lato sinistro (destro per *Suzanne*), questo verrà automaticamente scolpito anche sul lato simmetrico in direzione x

- *Radial* (X, Y e Z) funziona come un *Array* e definisce il numero di ripetizioni della scolpitura secondo le direzioni specificate;

- La spunta *Feather* riduce in automatico la forza del *brush* in caso di sovrapposizione in prossimità dell'asse di simmetria;

- *Lock* (X, Y, Z) blocca la simmetria secondo gli assi selezionati.

Il pannello **History** contiene le funzioni di *Undo* e *Redo*.

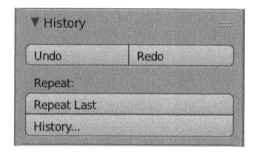

fig. 300 il pannello *History* della *Tools Shelf* in *Sculpt Mode*

A) *TAB OPTIONS*

All'interno del secondo *tab* **Options** sono presenti 3 pannelli.

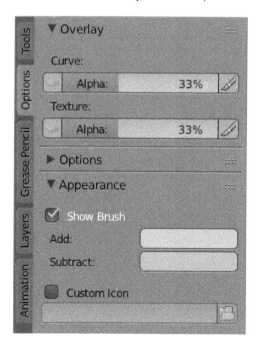

fig. 301 il *tab Options*

Nel pannello **Overlay** è possibile personalizzare e bilanciare la visualizzazione delle curve e la consistenza del tratto applicato al pennello, secondo i valori percentuali relativi a *Curve* e *Texture*.

Nel pannello **Options**, il cursore *Gravity* assegna la forza di gravità al *brush* in direzione *–Z*, mentre dal campo di testo *Orientation* è possibile scegliere la direzione *–Z* di un oggetto contenuto nella scena 3D.

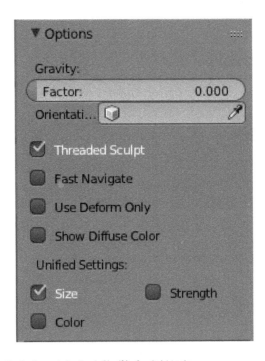

fig. 302 il pannello *Options* della *Tools Shelf* in *Sculpt Mode*

- La spunta *Threaded Sculpt* trae vantaggio dalla presenza di processori multipli durante le operazioni di *sculpting*;

238

- La spunta *Fast Navigate* visualizza, alleggerendo il sistema, la *mesh* oggetto di *sculpting* in *low res* durante lo spostamento o la rotazione;

- La spunta *use Deform Only* utilizza per lo *sculpting* esclusivamente i modificatori associati alla *mesh* di tipo *deform*, disabilitando gli altri, ad esclusione del modificatore *Multiresolution*;

- La spunta *Show Diffuse Color* mostra la *mesh* scolpita con l'assegnazione temporanea e ausiliaria di un colore diffuso bianco;

- Le ultime tre spunte (*Size*, *Strength* e *Color*) regolano rispettivamente il raggio, la forza e il colore del *brush* attorno ad esso.

Nel pannello **Appearance** è possibile personalizzare il colore del contorno del *brush* (*Show Brush*) in modalità *Add* e *Subtract*, così come specificare un'icona personalizzata.

 ESERCIZIO n. 9: MODELLAZIONE E *SCULPTING* DI UN RAMO

In questo esercizio vedremo come è possibile in pochi passaggi modellare un ramo (o un tronco) venato e nodoso, con l'uso dello *Sculpt Mode*.

Mostreremo com'è semplice creare la struttura base del tronco, ossia il suo interasse, se così si può dire, estrudendo a più riprese un vertice, in modo non troppo lineare.

In modo analogo è possibile definire la *silhouette* con una *curva*, purché al termine del procedimento, questa venga ritrasformata in *mesh* con la combinazione di tasti SHIF + CTRL + ALT + C.

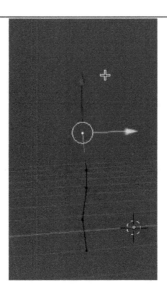

fig. 303 estrusione del vertice

Estrudendo vertici intermedi possiamo inserire dei rami aggettanti, a piacimento.

fig. 304 la *silhouette* del tronco in *Object Mode*

Aggiungiamo alla *mesh* il modificatore *Skin*, poi, in *Edit Mode*, selezioniamo tutti i vertici con CTRL + A, poi, tenendo premuto CTRL, ruotiamo WMB ottenendo lo spessore desiderato.

Selezionando solo alcuni vertici, è possibile variare lo spessore esclusivamente nel loro intorno e non a tutta la *mesh*.

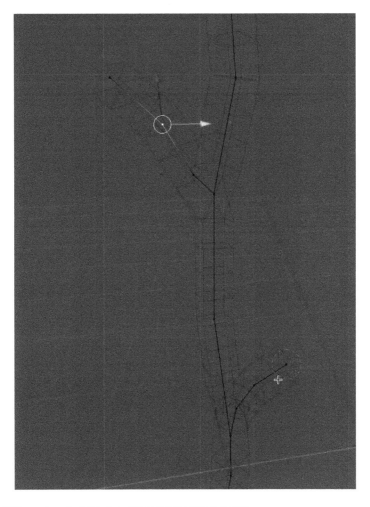

fig. 305 ispessimento della *silhouette* con il modificatore *Skin*

Applichiamo definitivamente il modificatore *Skin* e aggiungiamo il *Multiresolution*.

Aumentiamo le suddivisioni a 6, specificandone solo 3 in *preview* e 6 in *sculpting* e in *rendering*.

Il tronco si arrotonderà, ma in modo eccessivo in prossimità delle sezioni terminali dei rami.

Il motivo sta nel fatto che non c'è un *loop* (anche un solo vertice può essere considerato un *loop*) in prossimità delle estremità.

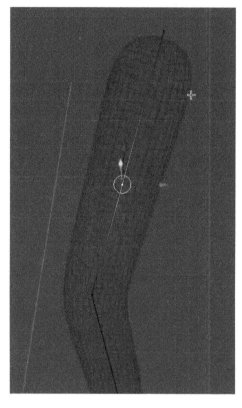

fig. 306 inserimento di un nuovo *loop* tra il vertice all'estremità del ramo del tronco e il successivo

Sarà semplice, con CTRL + R aggiungere un vertice fra quello all'estremità di un ramo del tronco e il successivo.

In alternativa possiamo selezionare i due vertici e dal menu *Special* (W) selezionare *Subdivide*.

Infine, digitando due volte il tasto G, sposteremo lungo l'asse (il segmento fra i vertici) il nuovo vertice e avvicinarlo in prossimità di quello estremo.

La curvatura sarà decisamente meno arrotondata e sarà simulata una sezione.

fig. 307 avvicinando il nuovo vertice (*loop*) all'estremità del ramo del tronco si otterrà una sezione

Opereremo allo stesso modo per tutti i rami del tronco.

A questo punto possiamo entrare in *Sculpt Mode* e iniziare le operazioni di scultura dei dettagli del tronco, scavando crepe e accorpando materiale generando così nodi, bubboni e deformità, tipiche di un tronco antico.

243

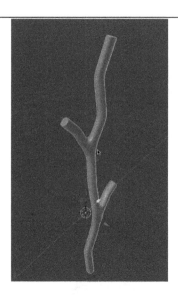

fig. 308 il tronco in *Object Mode*

Se applicassimo anche il modificatore *Multiresolution* otterremmo una *mesh* dettagliata, ma definitiva. Non abbiamo alcuna fretta e possiamo applicare il modificatore successivamente, alla fine dello *sculpting*.

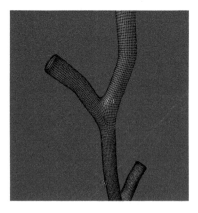

fig. 309 l'applicazione del modificatore *Multiresolution* definirebbe una geometria complessa ma definitiva

244

Entriamo in *Sculpt Mode* e selezioniamo il *brush Crease*, molto utile per scavare la *mesh*.

Regoliamo il raggio e la forza, quindi iniziamo a scavare il tronco in senso longitudinale, creando delle profonde venature.

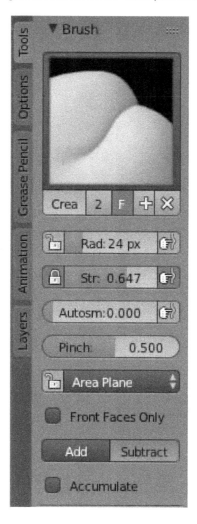

fig. 310 impostazioni del *brush*

Lavoriamo su tutti i rami, modificando la geometria anche in prossimità delle sezioni dei rami.

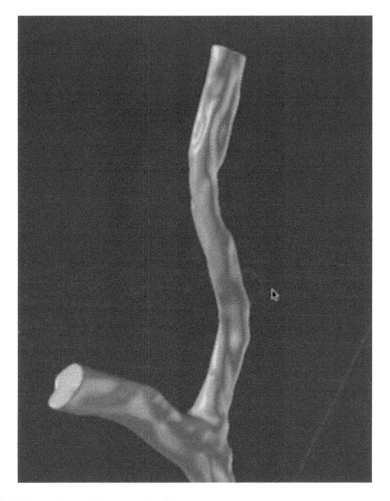

fig. 311 insenature nel tronco e nei rami

Cambiamo ora *brush* e selezioniamo *Blob*, iniziando a scolpire la *mesh* ottenendo le escrescenze, le protuberanze e i nodi tipiche dei vecchi tronchi.

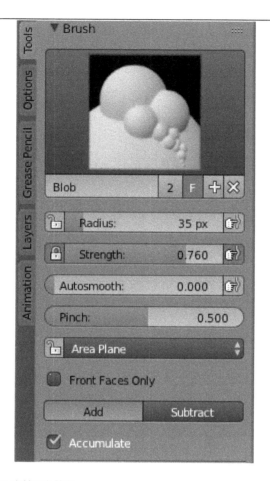

fig. 312 selezione del *brush Blob*

Agendo con il *brush* a differenti valori *Radius* e *Strength* e a diversa distanza dalla superficie da scolpire, si otterranno protuberanze variabili nel rilievo e nell'intensità.

Agiamo in particolar modo in prossimità delle diramazioni tra i rami e alla base del tronco.

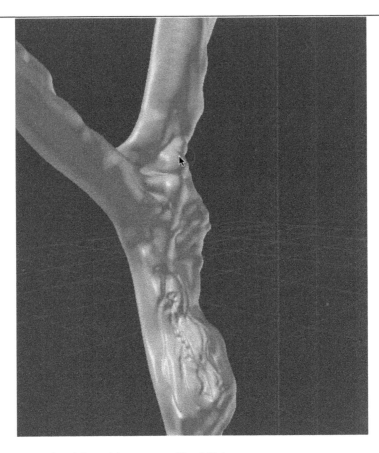

fig. 313 *sculpting* delle protuberanze con il *brush Blob*

Terminato lo *sculpting* e torniamo in *Edit Mode*, in cui il numero di suddivisioni della geometria con il *Multiresolution* è nettamente inferiore. Riduciamoli ulteriormente o spegniamo il modificatore.

Selezioniamo quindi il *loop* attorno alla sezione all'estremità di un ramo e di seguito tutti i vertici all'interno.

248

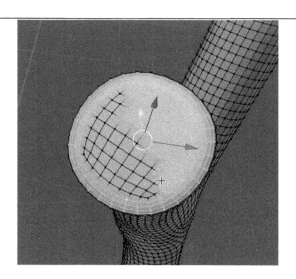

fig. 314 selezione della sezione all'estremità di un ramo

Nella *Properties Bar* apriamo il pannello *Vertex Group* e assegniamo la selezione a un nuovo *Vertex Group* rinominandolo "*sezione 1*".

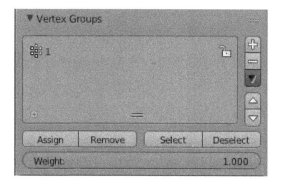

fig. 315 *Vertex Group*

Eseguiamo la medesima operazione per tutte le sezioni del tronco e dei rami, rinominando adeguatamente i *Vertex Group*.

Al termine dell'operazione, selezioniamo tutti i *Vertex Group* con il pulsante *Select* e poi, digitando CTRL + I, invertiamo la selezione. Rimarranno selezionati solo i vertici della *mesh* che compongono la superficie del tronco e dei rami.

Assegniamolo questi vertici ad un ulteriore *Vertex Group* che rinomineremo "*tronco*".

A questo punto possiamo creare un piano, assegnando ad esso il materiale più gradito, e l'illuminazione.

Infine, selezioniamo il tronco e creiamo un nuovo materiale. Questo sarà definito da un *mix* tra due tonalità differenti di marrone, bilanciati tra loro dall'andamento casuale di una *Wave Texture* adeguatamente scalata.

La stessa *Noise Texture*, in bianco e nero, fungerà da *bump* per la superficie del tronco, segnando ulteriormente le venature della corteccia.

Aggiungiamo un *Glossy* e un nodo *Fresnel* che funga da fattore di bilanciamento con il *Diffuse*.

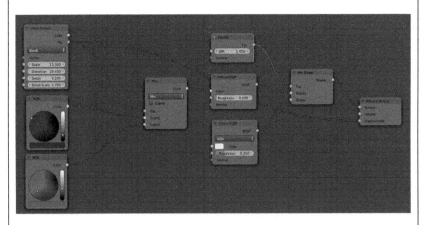

fig. 316 configurazione dei nodi del materiale del tronco

Il risultato è molto interessante.

In *Edit Mode* deselezioniamo tutto (CTRL + A) e selezioniamo solo i *Vertex Group* delle sezioni dei rami.

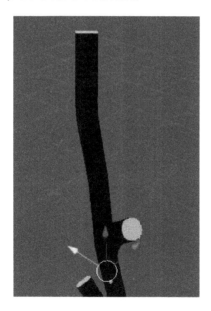

Eseguiamo l'*unwrapping* digitando U.

251

Assegniamo un nuovo materiale, realizzato dal *mix* tra un *Diffuse*, a cui applicheremo la *texture* "*sezione_tronco.jpg*" e un *Glossy* con fattore di bilanciamento determinato dal nodo *Fresnel*.

Se disponiamo della *texture Bump* corretta possiamo inserirla come *Displacement*, altrimenti utilizzeremo, nella versione in bianco e nero, la *texture* utilizzata per il *bump*, adeguatamente corretta nel colore con un *ColorRamp*.

All'interno della finestra *UV/Image Editor*, posizioniamo le sezioni dei rami in modo non costante sull'immagine caricata e scaliamo adeguatamente.

Eventualmente possiamo recuperare immagini di sezioni differenti.

fig. 319 l'immagine "*sezione_tronco.jpg*"

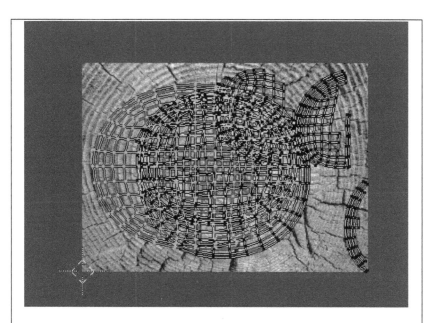

fig. 320 *Unrapping* delle sezioni

Regoliamo contrasto e colore delle *texture* in modo che siano congruenti tra loro.

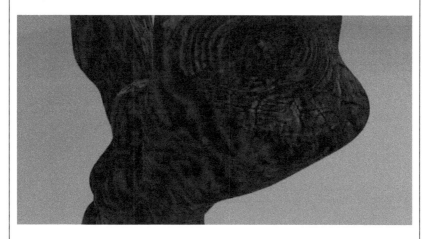

fig. 321 regolazione del colore delle *texture*

Il gioco è fatto. Possiamo posizionare la camera e regolare la messa a fuoco, prima di lanciare il *rendering*.

fig. 322 *rendering* del tronco scolpito

5.2.2. La *header* della 3D view in *Sculpt Mode*

fig. 323 la *header* della 3D view in *Sculpt Mode*

Chiudiamo il capitolo relativo allo *sculpting* analizzando anche la *header* della 3D view in ambiente *Sculpt Mode*.

I pulsanti presenti sono identici a quelli che troviamo in *Object Mode* e in *Edit Mode*, benché ridotti, così come il menu **View**.

Vi sono 3 menu dedicati che andremo ad analizzare.

fig. 324 il menu *Sculpt* della *header* in *Sculpt Mode*

255

Nel menu **Sculpt** sono ripetute le stesse opzioni già descritte nei pannelli *Symmetry/Lock* e *History* del *tab Tools* e nel pannello *Options* del *tab Options* nella *Tools Shelf*.

Anche nel menu **Brush** sono disponibili gli stessi comandi richiamabili dai pannelli del *tab Tools* della *Tools Shelf*.

fig. 325 il menu *Brush* della *header* in *Sculpt Mode*

Nel menu **Hide/Mask**, invece, sono disponibili alcune funzioni utili per la visualizzazione di zone specifiche della *mesh*. Queste funzioni si utilizzando per eliminare dalla visualizzazione aree al momento non modificabili.

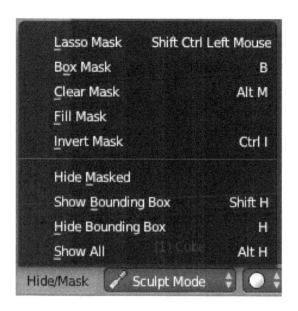

fig. 326 il menu *Hide/Mask* della *header* in *Sculpt Mode*

- *Lasso Mask* (SHIFT + ALT + RMB) permette di eseguire una selezione *lasso* (a mano libera) della parte della *mesh* su cui eseguire lo *sculpting*, nascondendo il resto;

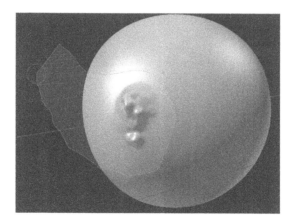

fig. 327 selezione *lasso*

257

- *Box Mask* (B) esegue una selezione (una maschera) rettangolare sulla *mesh* da scolpire;

fig. 328 selezione *Box Mask*

- *Clear Mask* (ALT + M) elimina la selezione (maschera);

- *Fill Mask* riempie tutta la maschera con un dato valore, o ne inverte il suo valore;

- *Invert Mask* (CTRL + I) inverte la maschera dopo una selezione;

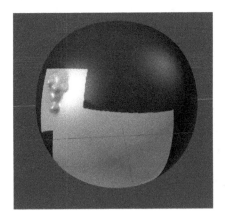

fig. 329 *Invert Mask*

258

- *Hide Masked* nasconde le selezioni (maschere);

- *Show Bounding Box* (SHIFT H) ripristina la vista di un'area selezionata precedentemente nascosta;

- *Hide Bounding Box* (ALT + H) nasconde un'area selezionata;

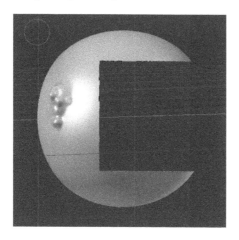

fig. 330 *Hide Bounding Box*

- *Show All* (ALT + H) seleziona o deseleziona tutti i vertici.

259

6
ADDONS

6.1. Introduzione

Nel corso di questa guida, abbiamo più volte utilizzato alcuni *Addons* per facilitarci il lavoro di modellazione e per ottenere alcuni particolari effetti.

Ci riferiamo, nello specifico dell'attivazione del pannello **Loop Tools** in modalità *Edit Mode*, così utile per la gestione dei *loop* nelle *mesh*; all'importazione di **Image As Plane**, fondamentale per inserire pannelli già con una *texture* applicata; e di **Cell Fracture**, geniale *addon* che consente di mandare letteralmente in pezzi una *mesh*.

fig. 331 gli *addons Loop Tools, Cell Fracture* e *Image As Plane*

263

Si tratta di *addons* assai utili e di frequente utilizzo dei quali abbiamo consigliato il salvataggio in *startup* di Blender.

In questo capitolo, l'ultimo dedicato alla modellazione di questa lunga guida, prima del capitolo riguardante il *Videoediting* e il *Motion Tracking*, mostreremo una carrellata di alcuni fra i più interessanti *addons* diffusi in rete o già presenti (e quindi soltanto da abilitare) in Blender.

Facciamo notare che alcuni *addons* disponibili per le versioni precedenti di Blender non sono più disponibili come interni o non più compatibili.

Esistono *online* decine di siti, molti dei quali gratuiti, da cui poter scaricare *addons* di ogni sorta. Uno di questi, che riteniamo assai interessante, completo e ben organizzato è disponibile all'indirizzo http://blenderaddonlist.blogspot.it.

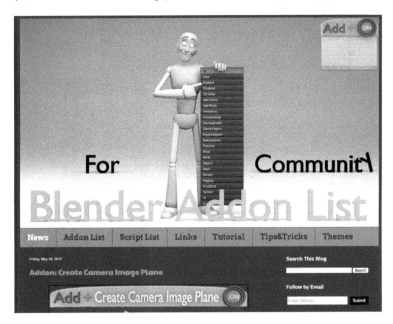

fig. 332 *homepage* del sito http://blenderaddonlist.blogspot.it

Previa registrazione gratuita è possibile scaricare i *file* relativi agli *addons* e richiamati in Blender dalla finestra *User Preferences*.

Ricordiamo il procedimento.

Apriamo la finestra *User Preferences* dal menu *File* dell'*header* della finestra *Info*, oppure digitiamo la *shortcut* CTRL + ALT + U.

fig. 333 la finestra *User Preferences*

Da qui, nel *tab Addons* possiamo selezionare, scegliendoli dalla lista degli *addons* disponibili, quelli che vogliamo attivare, spuntando le relative spunte sulla destra.

Cliccando sul pulsante in basso a sinistra *Save User Settings*, salveremo la configurazione degli *addons* installati e caricati anche per i successivi avvii di Blender.

Per caricare invece un *addon* di terze parti, dopo averlo scaricato, è necessario cliccare sul pulsante *Install From File...* e, dal *browser* scegliere il corrispondente *file* in estensione *.py, *.zip (se

265

compresso insieme ad altri *file*) o l'intera cartella, in caso di *addons* più complessi.

Andiamo quindi a descrivere gli *addons* più interessanti, scelti fra quelli già disponibili e quelli in rete.

6.2. Ivy Generator

Ivy generator, disponibile fra gli *addons* interni di Blender è uno strumento indispensabile per chi ama rappresentare scene di esterni, immerse nel verde.

Si tratta di un *addon* che genera un rampicante, abbarbicato attorno a una *mesh* di riferimento, completo di rami e fogliame.

Vediamone il funzionamento e le principali caratteristiche.

 ESERCIZIO n. 10: UN'EDERA RAMPICANTE

Per assegnare *Ivy Generator* a una *mesh*, è necessario che questa sia selezionata come attiva.

Prima di procedere occorre specificare il punto in cui spunterà il rampicante, di solito da terra. Questo sarà semplicemente definito dal *3D Cursor*).

In una nuova scena 3D, aggiungiamo un piano una *Monkey*, accuratamente adagiata sul piano, una camera e un sole.

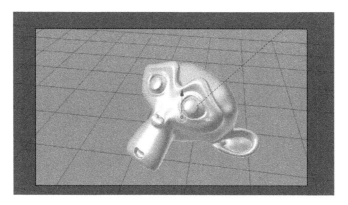

fig. 334 composizione della scena 3D

267

Assegniamo alla *Monkey* un modificatore *Subdivision Surface* a 3 divisioni.

Assegniamo alla *Monkey* il materiale che più ci aggradi, ad esempio una pietra grezza, generata da una *Noise Texture* direttamente connessa con il *socket Displacement* del nodo *Material Output*.

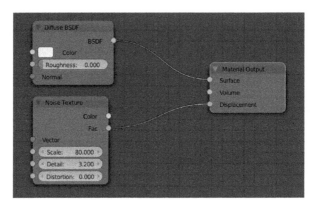

fig. 335 materiale assegnato alla *Monkey*

Proviamo a lanciare un *rendering* in *preview*. La scena non dovrebbe essere dissimile da quella qui rappresentata.

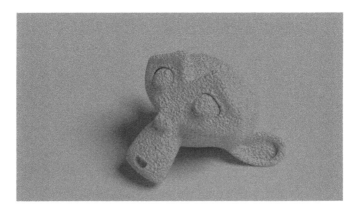

fig. 336 pre renderizzazione della scena

Ricordiamo che per ammorbidire le ombre è necessario agire sul parametro *Size* della *Lamp* selezionata, nella fattispecie il sole.

A questo punto è necessario definire il punto di partenza della ramificazione, posizionando il *3D Cursor* con RMB nel punto più consono.

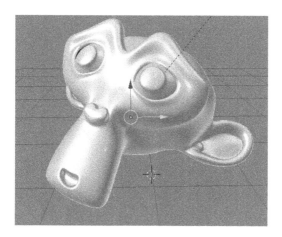

fig. 337 posizionamento del *3D Cursor*

Con la *mesh Monkey* selezionata applichiamo *Ivy Generator* digitando SHIFT + A e, sotto *Curve*, scegliendo *Add Ivy to Mesh*.

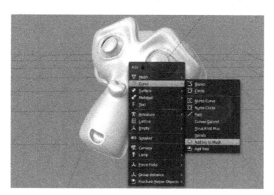

fig. 338 *Add Ivy to Mesh*

Il rampicante verrà immediatamente creato e già tenterà di aggrovigliarsi attorno alla *mesh*.

Non confermiamo nulla per ora, ma nella *Tools Shelf*, nella regione *Ivy Gen*, in basso, disponiamo di tutte le opzioni per poter manipolare e ottimizzare il rampicante in funzione della scena.

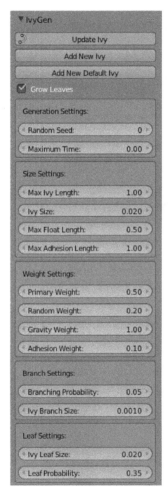

fig. 339 il pannello *Ivy to Mesh* nella regione in basso della *Tools Shelf*

Ad esempio, possiamo definire la complessità dei rami, il numero delle foglie, le dimensioni, e così via.

Occorre notare che, durante le fasi di modifica il rampicante non si aggiornerà automaticamente, ma sarà necessario cliccare sul pulsante in alto del pannello *Update Ivy*.

Il pannello è diviso in sezioni.

Generation Settings imposta la configurazione geometria generale del rampicante; *Size Settings* contiene le informazioni sulle dimensioni; *Weight Setting* sulla forma; *Branch Settings* sui rami e *Leaf Setting* sulle foglie.

La spunta in alto *Grow Leaves* visualizza o nasconde le foglie.

Regolando questi parametri, che sono funzione delle dimensioni e della forma della *mesh* si otterranno risultati davvero gradevoli. Ma non è finita qui!

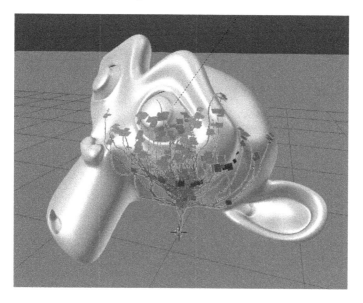

fig. 340 regolazione del rampicante

271

C'è da chiarire che *Ivy* genera un oggetto rampicante composto da *mesh* (le foglie) e una curva (rami).

Noterete senz'altro che le foglie sono rettangolari. Questo perché non abbiamo definito il tipo di foglia, attraverso l'assegnazione del materiale e la combinazione dei nodi che definisce il materiale tra *trasparenza* e *texture*.

Tuttavia, al fine di ottenere un rampicante credibile, bisognerà tener conto che non tutte le foglie saranno identiche tra loro.

Selezioniamo quindi la *mesh* che rappresenta le foglie, entriamo in *Edit Mode* e deselezioniamo tutto, impostiamo la selezione *Faces*.

Quindi, dal menu *Select*, scegliamo l'opzione *Random* e, nella regione *Select Random* nella *Tools Shelf*, digitiamo 33 nel campo *Percent*.

Nella 3D view saranno selezionate casualmente il 33% delle foglie.

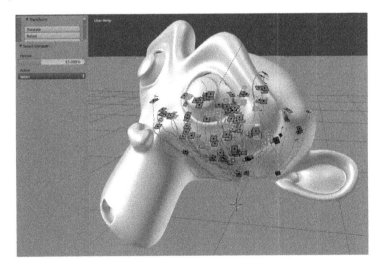

fig. 341 selezione *random* delle foglie

272

Digitiamo P e trasciniamo fuori dalla *mesh* la selezione, rinominandola *foglie 1*.

Ripetiamo l'operazione, impostando il 50% come percentuale di selezione random del gruppo di foglie originali, poi trasciniamole nuovamente fuori dalla *mesh* digitando P e rinominando la nuova *mesh foglie 2*.

Infine rinominiamo la *mesh* originale *foglie 3*.

In questo modo abbiamo creato 3 gruppi di foglie, alle quali assegneremo altrettante *texture* differenziate.

Rinominiamo infine i rami ai quali, per semplicità, assegneremo un materiale generico composto da un *Diffuse* marrone scuro.

Selezioniamo ora il primo gruppo di foglie e assegniamo loro un nuovo materiale che rinomineremo *foglia 1*.

Apriamo il *Node* Editor e associamo al nodo *Diffuse* l'*Image Texture foglia 1.png*.

fig. 342 le tre *texture* per le foglie: *foglie 1*, *foglie 2* e *foglie 3*

Lanciando il *rendering*, noteremo subito che abbiamo un problema: la *texture* è stata sì assegnata alle singole foglie, ma lo sfondo è nero.

Questo perché non abbiamo detto a Blender di considerarlo trasparente.

fig. 343 lo sfondo delle foglie non è trasparente

Per forzare la trasparenza allo sfondo, dobbiamo *mixare* il nodo *Diffuse* (nel *socket* in basso del *Mix Shader*) con un nodo *Transparent* (*socket* in alto), impostando come fattore di bilanciamento tra il colore (la *texture*) e la trasparenza il canale *alpha* dell'immagine.

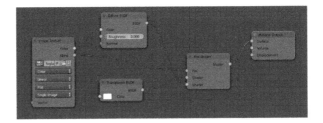

fig. 344 configurazione dei nodi per le foglie con la trasparenza

Automaticamente foglie saranno rappresentate con lo sfondo trasparente.

fig. 345 le foglie con lo sfondo trasparente

274

Operiamo allo stesso modo anche per gli altri due gruppi di foglie.

fig. 346 tutti e tre i gruppi di foglie sono renderizzati con lo sfondo trasparente

Non si resta che lanciare il *rendering* finale della scena.

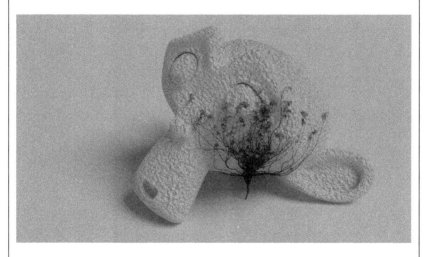

fig. 347 *render* finale della scena

275

6.3. Add Tree

Add Tree è molto simile a *Ivy Generator*, con la differenza che genera alberi secondo la parametrizzazione del pannello dedicato.

Questo *addon* non necessita, ovviamente, di essere associato a una *mesh* esistente e può essere richiamato dal menu *Add Curve*.

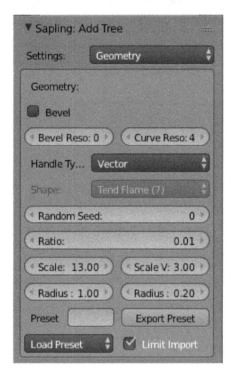

fig 348 il pannello *Sampling: Add Tree*

Questo *addon* funziona in modo molto simile al precedente, generando tronco e rami con l'estrusione di una curva e le foglie come un gruppo di *mesh* rettangolari.

276

Si noti che il menu principale *Settings*, all'interno del pannello *Sapling: Add Tree* nella *Tools Shelf*, richiama diverse opzioni relative alla geometria generale (*Geometry*) al tronco e alla configurazione dei rami secondo differenti livelli di ramificazione (*Branch Growth* e *Branch Settings*), alle foglie (*Leaves*) e all'armatura per la simulazione del movimento.

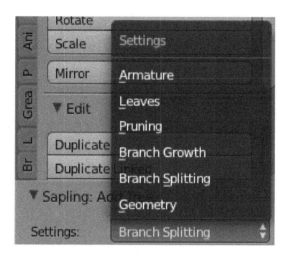

fig 349 il menu *Settings*

Ognuno di queste opzioni visualizza i parametri dedicati.

La prima cosa da fare è dare spessore ai rami e al tronco cliccando sulla spunta *Bevel*. Occorrerà definire poi la forma dell'albero e il comportamento dei rami, il numero dei livelli, la frequenza, la forma e le dimensioni delle foglie.

Nel pannello *Geometry*, sono disponibili anche dei *preset* di alberi predefiniti.

Quando siamo soddisfatti della modellazione, possiamo confermare per andare a lavorare sui materiali da assegnare al tronco e alle foglie, così come visto per *Ivy Generator*.

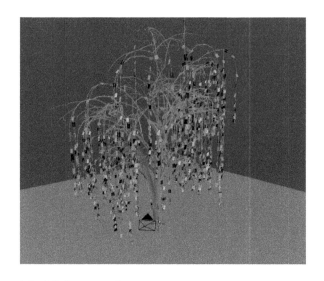

fig 350 il modello dell'albero: un salice

Al termine della modellazione, lanciamo il *rendering*

fig 351 *render* di una scena all'aperto con un albero

278

6.4. 3D Printing

Questo *addon* attiva un nuovo *tab* nella *Tools Shelf*, utile per il controllo della *mesh* che sia destinata alla stampa 3D.

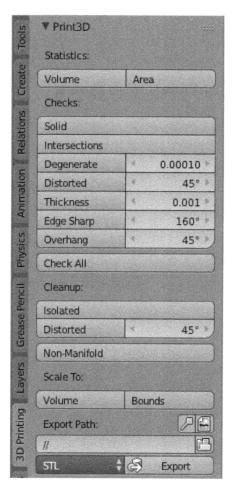

fig 352 il *tab* 3D Printing nella *Tools Shelf*

Chi è già avvezzo nel mondo della stampa 3D, è ben conscio del fatto che, al fine di ottenere stampe prive di artefatti ed errori, la *mesh* deve rispondere a determinate caratteristiche, tutte testabili nel *tab 3D Printing*.

Per evitare problemi, oltre a essersi assicurati che la quantità di filamento della stampante 3D sia sufficiente, bisogna tener presenti alcuni punti:

1. le superfici senza spessore non verranno stampate. Occorre far sì che anche la superficie più sottile del modello 3D abbia uno spessore minimo. Per ottenere uno spessore è possibile usare *Extrude* o il modificatore *Solidify*;

2. le normali delle facce dell'oggetto devono essere orientate verso l'esterno della *mesh*;

3. le dimensioni dell'oggetto devono rientrare nell'area di stampa massima ammessa dalla stampante 3D;

4. l'unità di misura in Blender deve essere impostata nel pannello *World*;

5. la scomposizione in facce triangolari della *mesh* è preferibile, anche se facce quadrangolari non danno problemi;

6. la *mesh* deve essere perfettamente definibile con un "*dentro*" e un "*fuori*" e quindi essere **manifold**. Ciò significa che essa non deve essere assolutamente bucata in termini di geometria e qualora lo fosse le pareti dovranno avere uno spessore minimo. La *mesh non-manifold* non può essere correttamente stampata;

7. non devono essere presenti nell'oggetto facce compenetrate o staccate dalla *mesh*;

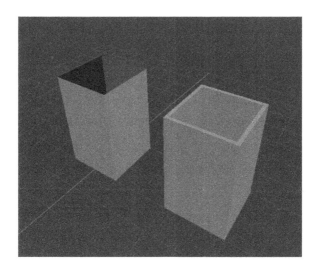

fig 353 a sinistra un solido bucato senza spessori in cui non è definibile un dentro e un fuori; a destra un solido analogo corretto per la stampa 3D

8. gli spessori troppo ridotti non sono adatti alla stampa, in quanto, nella fase più critica, l'oggetto in stampa potrebbe piegarsi o addirittura spezzarsi, rendendo vane ore di attesa;

9. in caso di oggetti con forme che rappresentino elementi a sbalzo (come braccia aperte, proboscidi, lance), potrebbe essere necessario aggiungere nel modello dei supporti temporanei removibili dopo la stampa. Tali sporgenze o inclinazioni eccessive sono dette *overhang*. Si consigliano inclinazioni non superiori ai 60°;

10. una scarsa risoluzione in termini di geometria, crea oggetti eccessivamente sfaccettati, anche se a video lo *smooth* produce un effetto diverso. Viceversa, oggetti a definizione troppo elevata, potrebbero essere causa di tempi lunghissimi di stampa, rischiando addirittura di bruciare i motori per l'elevata temperatura;

11. forme con angoli eccessivamente acuti andrebbero evitate;

12. evitare assolutamente *n-gons* nella geometria;

13. evitare nella maniera più assoluta vertici doppi (da eliminare con il comando *Remove Double*);

14. fare attenzione ai *pinches*, o punti di aggregazione. Si tratta di vertici sui quali insistono più spigoli e facce. Non si tratta di un vero errore, ma potrebbero essere causa di deformazioni non previste, dovute all'uso i modificatori come *Subdivision Surfaces* (si pensi ai poli della *UV Sphere*);

15. usare l'*addon* **Mesh Analysis**, di *default* in Blender, che, in *Edit Mode*, mette in evidenza, colorandoli, elementi non conformi alla stampa 3D, come intersezioni, distorsioni, angoli o spigoli troppo acuti, inclinazione non conforme dell'intero oggetto o parti di esso. In alternativa si consiglia di utilizzare il *software* **Mesh Lab**.

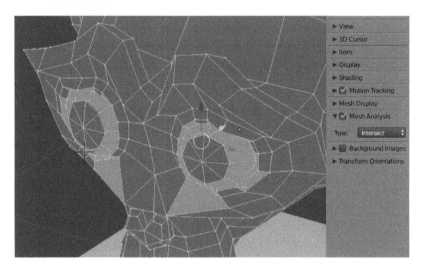

fig 354 *Mesh Analysis*

Il *tab* **3D Printer** è suddiviso in 5 sezioni:

- *Statistic*, che fornisce informazioni e statistiche sul volume e sulle superfici;

- *Checks*, che controlla e individua errori;

- *Cleanup*, che corregge gli errori più evidenti;

- *Scale To*, che ridimensiona la *mesh*;

- Una volta essersi assicurati tutto quanto sopra descritto, il modello 3D va esportato in uno dei formati compatibili con la stampa 3D, come, ad esempio *.stl* o *. ply*. Per esportare è necessario cliccare sul pulsante *Export* nell'ultima sezione *Export Path* o l'opzione *Export* dal menu *File* dell'*header* della finestra *Info*, scegliendo il formato desiderato.

Una volta esportato il *file*, questo può essere caricato da uno dei *software* di gestione e stampa, come **Repetier Host** o **Cura**, o caricato direttamente su una scheda *SD*, qualora la stampante 3D fosse provvista di lettore.

Rimandiamo maggiori dettagli all'*e-book* dello stesso autore "Costruisci la tua Stampante 3D", edito da Area 51 Editore.

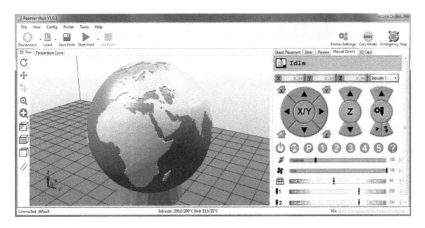

fig 355 *Repetier Host*

283

Da tali *software*, impostate le caratteristiche proprie della stampante 3D, va lanciato lo **Slicer**, ossia il processo di conversione e calcolo dell'oggetto in dati di stampa.

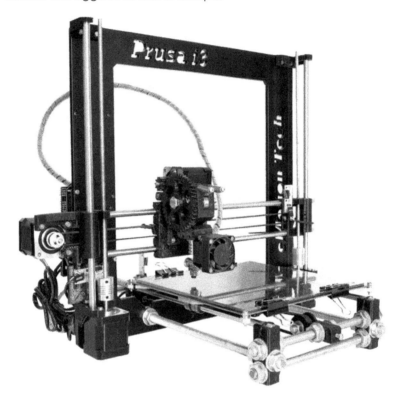

fig 356 la stampante *RepRap Prusa i3*

6.5. Layer Management

L'*addon* *Layer Management* è disponibile di *default* tra gli addons di Blender e va semplicemente attivato nella finestra *User Preferences*.

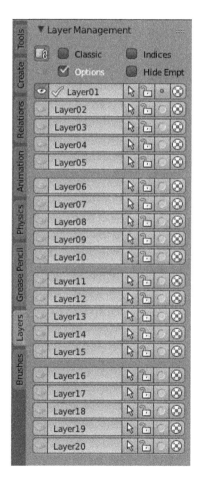

fig 357 il *tab Layers*

285

Abilitando l'*addon*, comparirà, nella *Tools Shelf*, un nuovo pannello *Layer*, in cui saranno rappresentati in colonna tutti i *layer* della scena 3D, con la possibilità di visualizzarli e nasconderli (cliccando sull'occhio a sinistra di ogni riga), rinominarli, selezionare tutti gli oggetti in essi inseriti (freccetta), bloccarne la selezione (lucchetto), visualizzare se esistono oggetti in un determinato *layer* (casella con puntino grigio) e visualizzare in *wireframe* o *solid* tutti gli oggetti in un *layer* (casella con il cerchio a scacchi rosso e bianco)

6.6. Pro Lighting: Skies

Il noto e geniale 3D artist australiano **Andrew Price** (www.blenderguru.com), così attivo nella comunità internazionale di Blender con i suoi tutorial e i suoi prodotti, ha prodotto un eccezionale *addon* che permette di gestire in modo rapido e soprattutto leggero per la *CPU* i file *hdri* usati per gli sfondi sferici e l'illuminazione globale.

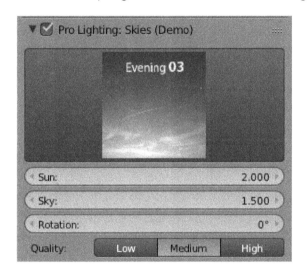

fig 358 il pannello *Pro Lighting: Skies* posto nel *tab World* della finestra *Properties*

Una volta attivato questo *addon*, l'*hdri*, viene inserito automaticamente nella scena.

Dal pannello è possibile definire la qualità della risoluzione (*Low*, *Medium*, *High*), la rotazione dell'immagine sferica attorno all'asse z (*Rotation*) e, separatamente, l'intensità del sole (*Sun*) come sorgente luminosa e del cielo (*Sky*).

Dall'immagine di *preview* è possibile caricare le altre *texture hdri* disponibili.

287

fig 359 una scena renderizzata con l'uso dell'*addon Pro Lighting: Skies*

6.7. Screencast Keys

Si tratta di un *addon* assai utile per chi realizza *tutorial* e *videotutorial*.

Attiva, infatti, un pannello nella *Properties* Bar che, se avviato con il pulsante *Start Display*, mostra il *mouse* e i tasti digitati con la tastiera in tempo reale.

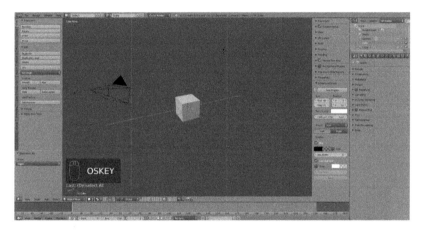

fig 360 uso di *Screencast Keys*

Nelle opzioni del pannello è possibile determinare la posizione nella 3D view e le dimensioni dell'immagine del *mouse* e dei tasti digitati, il colore e il tempo di *refresh*.

6.8. UV Squares

Mappare e scucire superfici curve con le *UV Sphere* è spesso un problema.

Questo *addon*, di semplicissimo utilizzo consente di allineare e scucire una *mesh* curva deformandola nella finestra *UV/Image Editor* come un rettangolo.

Un esempio dovrebbe chiarirne l'utilità.

 ESERCIZIO n. 11: LA TERRA

Per creare e mappare un pianeta, ad esempio la nostra Terra, possiamo partire dall'inserimento di una *UV Sphere*.

Il problema della *UV Sphere* è che, aggiungendo il modificatore *Subdivision Surface*, in prossimità dei poli, dove le facce sono triangolari, la superficie tende ad arricciarsi.

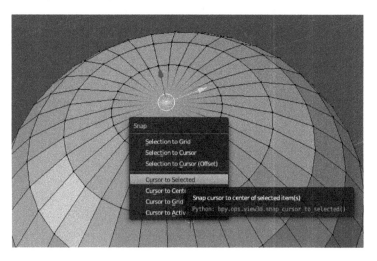

fig 361 *Cursor To Selected*

Per risolvere al meglio il problema, selezioniamo il vertice coincidente con il polo nord della *UV Sphere* e posizioniamo il *3D Cursor* sullo stesso, prima di eliminarlo.

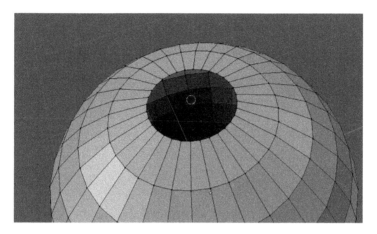

fig 362 eliminazione del vertice al polo nord

Selezioniamo ora il *loop* in corrispondenza del vertice appena rimosso e digitiamo E per estruderlo, quindi scaliamo a 0 (S, 0) il nuovo *loop* estruso (al momento coincidente con il precedente).

Tutti i vertici del *loop* convergeranno in un punto complanare.

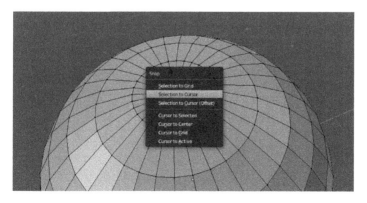

fig 363 *Selection To Cursor*

Digitiamo SHIFT + S e scegliendo dal menu l'opzione *Selection To Cursor* sposteremo i vertici sovrapposti derivati dall'estrusione e dalla scalatura in corrispondenza del *3D Cursor*.

Apparentemente non è cambiato nulla, se non il fatto che le facce che convergono ai poli non sono triangolari ma quadrangolari. Abbiamo quindi la possibilità di inserire ulteriori *loop* con CTRL + R.

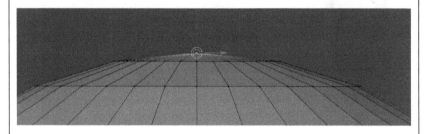

fig 364 i nuovi vertici in prospetto

Con i vertici al polo nord selezionati digitiamo CTRL + E e scegliamo l'opzione *Mark Seam* per scucire la *mesh*.

fig 365 *Mark Seam* dei vertici coincidenti al polo nord

292

I vertici coincidenti si tingeranno di rosso.

Operiamo nello stesso modo anche al polo sud e scuciamoli.

Infine selezioniamo un meridiano della *UV Sphere* e digitiamo per la terza volta CTRL + E, *Mark Seam*.

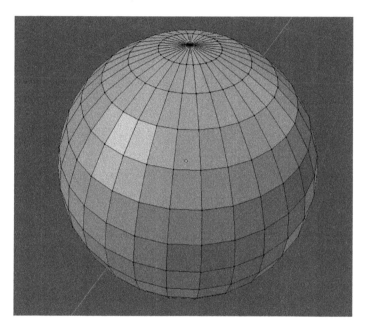

fig 366 *Mark Seam* del meridiano

A questo punto effettuiamo l'*unwrapping* selezionando tutti i vertici e digitando U.

Assegniamo un nuovo materiale alla sfera e apriamo la finestra *UV/Image Editor*.

Notiamo subito che la *mesh* è stata sì scucita ma in modo decisamente non lineare.

Qui entra in gioco il modificatore **UV Squares**.

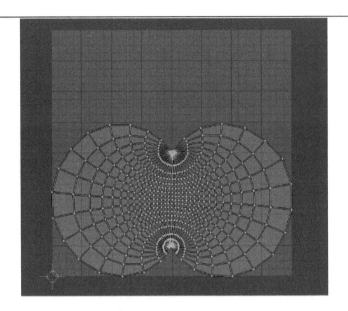

fig 367 risultato della *mesh* scucita nella *UV/Image Editor*

Il pannello ad esso relativo si trova nel *tab* Misc nella *Tools Bar* della *UV(Image Editor*.

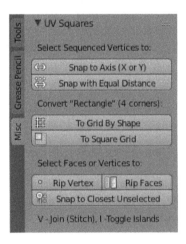

fig 368 il pannello *UV Squares*

Clicchiamo sul pulsante *Snap To Axis (X or Y)*.

I vertici della *mesh* si disporranno automaticamente ordinati ed equidistanti secondo gli assi ix e y, *facilitando il* mapping.

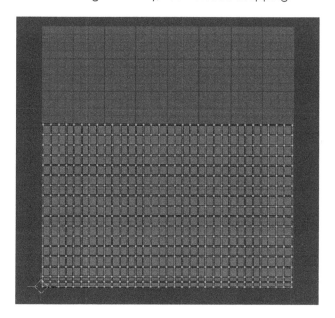

fig 369 il risultato dell'applicazione dell'*addon UV Squares*

Carichiamo sul diffuse la *texture Eart.jpg*.

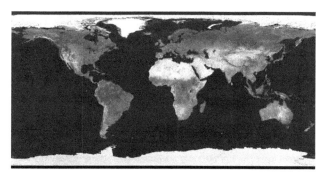

fig 370 la *texture Earth,jpg*

Questa *texture* rappresenta i continenti e i mari terrestri aperti e distorti in una visualizzazione rettangolare.

Scaliamo nell'*UV/Image Editor* la *mesh* in modo che coincida esattamente sulla *texture* sottostante.

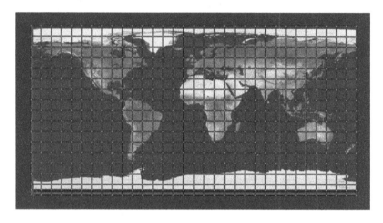

fig 371 scalatura della *mesh* scucita sulla *texture*

Non ci resta che lanciare il *rendering*. La *texture* apparirà perfettamente mappata sulla sfera.

fig 372 *render* della Terra

6.9. Window Generator 2

Questo eccezionale Addon (di terze parti) è utilissimo per realizzare in pochissime batture delle finestre (o portefinestre) in modo parametrico.

Una volta caricato tra gli *Addons* nella *User Preferences*, si trova nel menu *Add – Mesh*.

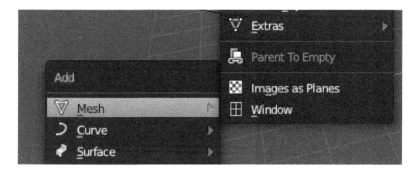

fig. 373 *Windows Generator*

Il pannello specifico si trova nella regione inferiore della *Tools Bar* della 3D view.

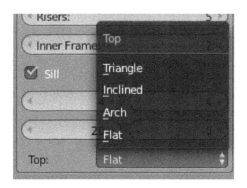

fig. 374 il menu a tendina *Top* definisce la forma della finestra

297

In questo pannello, oltre ad alcuni *preset*, è possibile determinare la struttura e la forma della finestra (nel menu a tendina *Top*), il numero e le dimensioni delle suddivisioni verticali e quelle orizzontali, gli spessori dei telai esterni e centrali (*Outer* e *Inner Frames*) e della guarnizione (*Risers*), i materiali (benché solo nominativi) e la presenza e le dimensioni del parapetto (*Sill*).

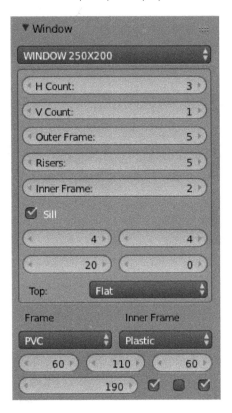

fig. 375 il pannello *Windows* nella *Tools Shelf*

Nella sezione in basso (*Frame*) si definiscono oltre alle dimensioni delle singole ante in larghezza (*H Count*) in l'altezza (*V Count*), anche le ante scorrevoli (spuntando la casella corrispondente).

La finestra si adatterà in tempo reale secondo i parametri inseriti e sarà pronta per l'assegnazione definitiva dei materiali.

La *mesh* sarà già preimpostata con i materiali assegnati alle facce del vetro, del telaio e della guarnizione.

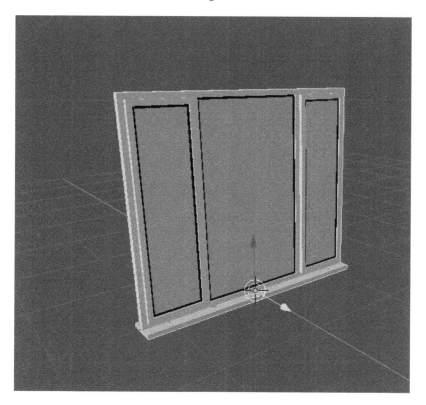

fig. 376 il modello 3D della finestra

6.10. IES Lights

Questo *addon* (di terze parti) permette di richiamare nella scena 3D i *file* di estensione *.ies, prodotti da speciali *software*, tra i quali *les Generator*, che simulano la proiezione di una sorgente luminosa rasente una superficie piana, come ad esempio un'*applique* su un muro.

fig. 377 l'effetto luminoso della luce rasente proiettata sul muro da questa applique di *Artemide*

Alcune aziende, su richiesta producono e forniscono il *file* di estensione *.ies proprietari delle lampade prodotte. Questo sistema è assai utile per riprodurre immagini foto realistiche di sorgenti luminose esistenti in commercio.

In ogni caso *Ies Generator* permette di creare, semplicemente disegnando la curva di proiezione dei raggi luminosi, il personale effetto *ies* e salvarlo come *file*, poi richiamabile in Blender dal menu *File – Import – IES Lamp Data (*.ies)* della finestra *Info*.

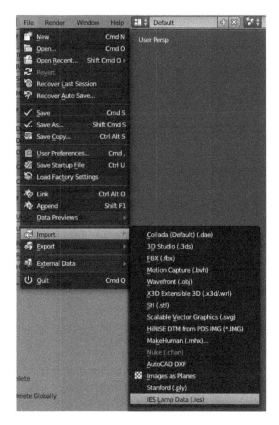

fig. 378 importazione in Blender di un *file* *.ies

Ies generator è davvero semplice da usare. L'effetto viene visualizzato nella finestra *preview* sulla destra in tempo reale durante le modifiche.

Alla fine, è possibile salvare il *file* con estensione *.ies* in una cartella pronto, per essere importato in Blender.

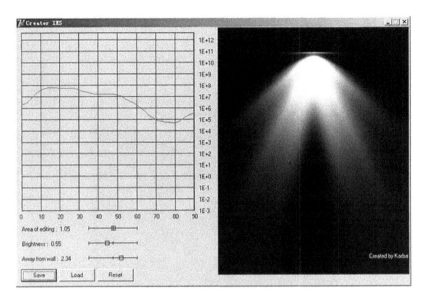

fig. 379 *Ies Generator*

fig. 380 impostazioni di importazione

302

Durante l'importazione, nel pannello *Import IES* nella regione in basso della *Tools bar* è possibile definire l'intensità della luce (*Strength*) e il colore della temperatura espressa in gradi *Kelvin* (*K*).

Una volta confermata l'importazione nel *browser*, verrà inserita nella 3D view, in corrispondenza del *3D Cursor*, un oggetto che rappresenta l'inviluppo dei raggi luminosi. Questo varia di forma a seconda del tipo di irradiazione è stata definita nel *file *.ies* caricato.

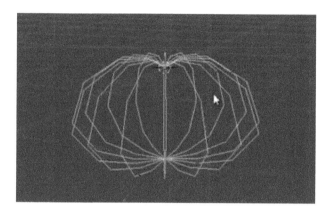

fig. 381 l'oggetto *ies*

Nel pannello *Lamp Properties*, che compare nella *Properties Bar*, è possibile definire e variare il colore della luce (tavolozza *Color*).

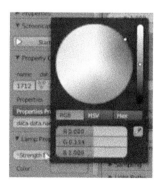

fig. 382 variazione del colore della luce

303

Posizionando l'oggetto *ies* in prossimità di una superficie verticale, come un muro, lanciando il *rendering*, si otterrà il caratteristico effetto della luce rasente.

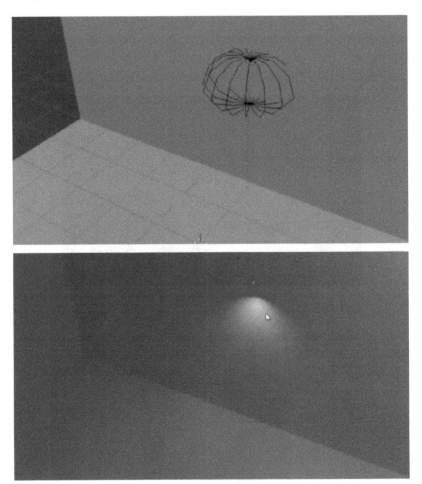

fig. 383 *render* della luce rasente su una parete verticale

6.10. Altri Addons degni di nota

Concludiamo la carrellata dei principali e più interessanti *Addons* di Blender, proprietari o di terze parti, con alcuni che vi consigliamo di inserire tra le scelte per la vostra modellazione.

Si tratta di alcuni *addons* che si trovano sotto *Mesh* nella *User Preferences*.

In modo particolare segnaliamo **Extras, Gears, Math Functions** e **Bolt Factory**.

Il primo *addon* (**Extras**) inserisce nella scena 3D figure geometriche speciali, quali ad esempio piramidi, teiera e diamanti (*Diamond*).

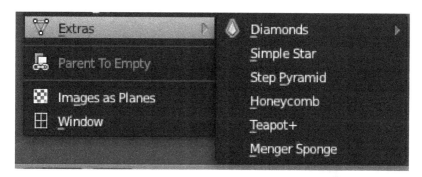

fig. 384 *Mesh Extras*

Il secondo *addon* (**Gears**) inserisce ingranaggi come ruote dentate già predefiniti ed eventualmente modificabili nel pannello *Gears* nella *Tools Shelf*.

fig. 385 *Mesh Gears*

Il terzo *addon* (**Math Functions**) è interessantissimo, poiché consente di inserire nella scena 3D figure solide derivate da precise funzioni matematiche tridimensionali, molte delle quali richiamabili da una lunga lista di *preset*.

fig. 386 *Mesh Math Functions*

è possibile scegliere, nel sottomenu, tra superfici nello spazio e solidi regolari.

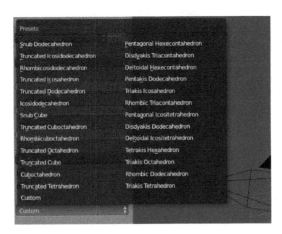

fig. 387 *preset* dei solidi regolari disponibili

306

Il dimensionamento e altre caratteristiche geometriche e altri parametri possono essere definiti nel pannello *Regular Solid*, che si attiva nella *Tools Bar*.

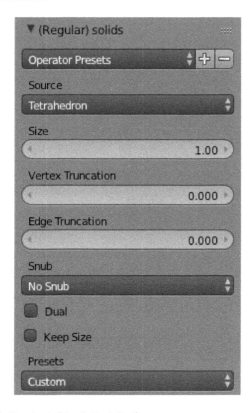

fig. 388 il pannello *Regular Solid* nella *Tools Shelf*

L'ultimo *addon* (**Bolt Factory**) propone una vasta gamma di ferramenta come dadi, bulloni, viti.

Gli oggetti generati dall'*addon* sono richiamabili dal menu *Add – Bolt*.

fig. 389 *Mesh Bolt*

Nel pannello dedicato *Add Bolt* nella *Tools Shelf* è possibile definire tutte le caratteristiche dell'oggetto di ferramenta, vale a dire il modello, la forma della testa (*head*), il dimensionamento e il tipo di avvitamento.

308

fig. 390 il pannello *Add Bolt* nella *Tools Shelf*

La qualità e la veridicità degli oggetti prodotti è impressionante.

fig. 391 *render* di oggetti di ferramenta realizzati con *Bolt Factory*

7

MOTION TRACKING
E VIDEOEDITING

7.1. Introduzione

Con questo grande capitolo, in cui si tratta di *videoediting* e *Motion Tracking*, chiudiamo la nostra guida su Blender.

Blender, negli anni, migliorando di versione in versione, si è rivelato un fantastico strumento per il montaggio video e il *camera tracking*, offrendo all'utente la possibilità di inserire oggetti 3D in scene reali o oggetti reali in scene virtuali.

Già con il *film "Tears Of Steel"*, prodotto e distribuito dalla Blender Foundation, questa complessa tecnica è stata utilizzata con successo.

fig. 392 un'immagine tratta dal *film Tears Of Steel*

Oggi, a qualche anno di distanza, il sistema è diventato ancora più fluido, preciso e stabile.

Blender supporta *tools* molto potenti per il *tracking* 2D e il *motion tracking* 3D, tra cui la rilevazione della camera e il monitoraggio degli oggetti.

Tra le funzioni avanzate, come vedremo, Blender dispone degli strumenti per gestire la calibrazione della lente e la compensazione delle distorsioni della lente, fornendo tra l'altro i parametri specifici delle telecamere utilizzate (*Open CV*).

Con il *Motion Tracking*, per intenderci, un oggetto 3D inserito in una scena reale, ripresa dal vero, si integrerà perfettamente secondo la prospettiva, l'inquadratura, il colore e l'instabilità naturale delle riprese manuali (stabilizzatore 2D e 3D).

Con le ultime versioni, a partire dalla 2.64, alcuni nuovi nodi dedicati al *motion* tracking sono stati aggiunti nel *Compositing*, per gestire in modo più semplice i filmati. Troviamo quindi nodi per la stabilizzazione 2D, la distorsione e la correzione della lente.

Alcune operazioni, infine, come il *motion capture* (o *mocap*), quel sistema specifico in cui i movimenti di un oggetto reale (o un corpo animato, come una persona) ripreso da una camera che vengono registrati e applicati ad un corrispondente modello 3D, non sono ancora implementati in modo definitivo in Blender, ma possono essere realizzati utilizzando lo stesso *ter* e gli stessi strumenti del *motion tracking*. Si pensi, ad esempio, ai grandi film di animazione in cui sensori applicati al corpo di un attore vengono poi elaborati e associati ad un attore virtuale.

fig. 393 la tecnica del *mocap* utilizzata nel *Signore degli Anelli* per *Gollum*

Prima di addentrarci nei dettagli delle finestre e dei comandi, ci cimenteremo in alcuni esercizi nei quali alcuni strumenti verranno per ovvi motivi anticipati, ma che saranno utili per rendere più fruibile e comprensibile questo complesso argomento.

7.1.1. Convertire un video in una sequenza di immagini

Così come la maggior parte dei *software* che permette *motion tracking*, come Maya o NUKE, ad esempio, anche Blender, nel montaggio di oggetti 3D su filmati, predilige l'uso di sequenze di immagini in luogo dei formati video tradizionali.

Il motivo sta nella maggiore qualità e il minor tempo di calcolo con cui il motore di *rendering* gestisce le prime rispetto ai secondi.

fig. 394 aprire il *Video Sequence Editor*

Blender dispone di un interessante **Video Sequence Editor** (su cui ci soffermeremo più avanti), nel quale sarà possibile caricare e modificare filmati.

In questo *editor* è riconoscibile dall'icona raffigurante delle tracce audio-video.

Da questa semplice finestra, digitando SHIFT + A, o, nel menu *Add* dell'*header*, scegliamo l'opzione *Movie* e, dal *browser*, carichiamo il file video da scomporre in fotogrammi.

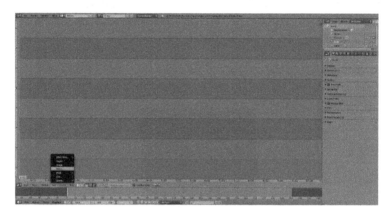

fig. 395 *Add Movie*

Dal pannello in basso a sinistra del *browser* eliminiamo la spunta *sound* qualora non ci interessi importare anche l'audio.

Una volta confermato, nel *sequencer* verrà rappresentata una traccia blu che rappresenta il video caricato. Cancellate la traccia audio (in verde) se non necessaria.

fig. 396 la traccia video nel *sequencer*

316

Come tutte le finestre che gestiscono l'animazione, anche il *Video Sequence Editor* dispone di un cursore. Il video può essere avviato con ALT + A o cliccando nella *transport bar* della *Timeline*.

Cliccando sull'*icona* a destra tra le tre che definiscono il *preview mode* nell'*header*, verrà visualizzato in alto il *preview* del filmato.

fig. 397 le icone *preview* presenti nell'*header*

In questo modo sarà semplice gestire la traccia video nel *sequencer*, tagliandola o montandola con altri video, tenendo sott'occhio costantemente il risultato in tempo reale.

La finestra *Video Sequence* dispone di una *sidebar Properties*, sulla destra, attivabile o disattivabile digitando il tasto N.

Da questa, nel pannello *Filter*, consigliamo di spuntare la voce *De-Interlace*, per ottenere un passaggio più fluido tra fotogramma e fotogramma.

fig. 398 *preview* della traccia video

317

Nel *tab Render* della finestra *Properties*, è necessario impostare le dimensioni, il formato, la compressione, l'estensione dei fotogrammi (ad esempio *.png) e la cartella ove salvare i file immagine.

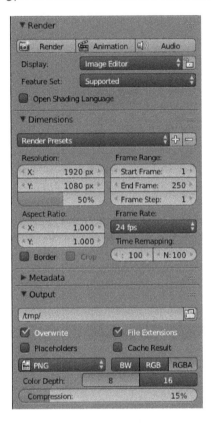

fig. 399 impostazioni dei formati nel *tab Render* della finestra *Properties*

Infine sarà sufficiente lanciare il *render* dell'animazione cliccando sul pulsante *Animation* del pannello *Render* e attendere la fine del processo.

fig. 400 il pulsante *Render Animation*

318

7.1.2. Motion Tracking a camera fissa con un marker

Una delle numerose applicazioni del *motion tracking* è quella inserire in sovrapposizione ad un video, o a una sequenza di immagini, a camera fissa, un oggetto in movimento, tracciando i punti mobili del video.

Il sistema consiste nell'individuare un punto in movimento del video e tracciarlo grazie all'uso di un *marker* alla posizione del quale verrà associato un oggetto.

Con la tecnica del **Motion Tracking**, Blender analizza e, all'occorrenza, contribuisce a posizionare automaticamente dei marcatori, detti *marker* o *tracker*, grazie ai quali riesce a ricreare virtualmente i movimenti degli oggetti o i movimenti della camera con cui è stato girato un video.

Contestualmente, oggetti tridimensionali potranno integrarsi in modo altamente realistico del mondo reale (**footage**).

Nell'esercizio successivo spiegheremo passo passo il semplice procedimento.

 ESERCIZIO n. 12: LA BACCHETTA MAGICA

In questo semplice esercizio, ma non per questo non d'effetto, una bacchetta magica in movimento con un andamento sinuoso lascerà una scia luminosa realizzata con un sistema particellare *Emitter*.

L'ambiente di lavoro dedicato al *motion tracking* è il **Movie Clip Editor**, da non confondersi con il precedente *Video Sequence Editor*, rappresentato dall'icona raffigurante un piccolo *ciak*.

Cliccando sul pulsante *Open* nell'*header* della finestra, andremo a richiamare la nostra sequenza video (*bacchetta magica bkg.mov*), selezionando dal *browser* la prima immagine della sequenza (i fotogrammi) e confermando.

319

fig. 401 *Movie Clip Editor*

fig. 402 il pulsante *Open* nell'*header*

Nel pannello *Dimensions* del *tab Render* della finestra *Properties*, impostiamo 25 *fps*.

La sequenza sarà considerata da Blender alla stregua di un normale video, avviabile digitando ALT + A.

La barra orizzontale azzurra alla base del video sarà percorsa durante l'animazione dal cursore verde, indicando il numero del *frame* in tempo reale. Essa, con il procedere dell'animazione nel tempo, si colorerà di una tonalità più scura all'avanzare del filmato.

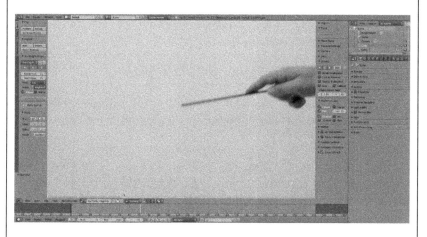

fig. 403 il video caricato e la barra blu di scorrimento

La colorazione più scura della barra azzurra sta a indicare il procedere del *rendering* del filmato in modo da caricarlo nella RAM e registrarlo nella *cache* di Blender.

È possibile, tuttavia, che il vostro sistema non riesca a salvare tutto il video nella *cache* svuotando di volta in volta la memoria durante l'animazione, con scarsa fluidità.

Per risolvere questo problema, nella finestra *User Preferences* nel *tab System*, incrementare il valore *Memory Cache Limit*, indicando a Blender il limite della RAM da utilizzare.

321

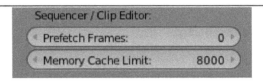

fig. 404 *memory Cache Limit*

Per velocizzare l'operazione è possibile cliccare sul pulsante *Prefetch* nel pannello *Clip* della *Tools Shelf*.

Analizzando il video, possiamo pensare di eliminare dal *rendering* finale gli ultimi fotogrammi della sequenza, in cui la mano e la bacchetta sono uscite di scena.

Posizioniamoci al fotogramma 160 e digitiamo E.

Nella *Timeline* l'ultimo fotogramma verrà impostato automaticamente a 160, mentre nel *Movie Clip Editor* verrà inserito un *keyframe*.

A questo punto possiamo inserire il *marker* (o *tracker*) che traccerà la scia della punta della bacchetta magica in tutta la sequenza, disegnando una curva sinuosa.

Nel pannello *Marker* della *Tools Shelf* clicchiamo sul pulsante *Add*, quindi clicchiamo con LMB su un punto (un *pixel* per la precisione) all'estremità della bacchetta magica.

fig. 405 *Add Marker*

Verrà inserito un *marker*, rappresentato da un quadratino bianco, il quale può essere trascina con LMB o digitando G; ruotato e scalato, trascinando la maniglia esterna o digitando S o R, o semplicemente scalato digitando S; oppure modificato nella forma trascinando i vertici.

L'area all'interno del *marker* individua l'ambito entro il quale il *pixel* va ricercato.

fig. 406 trasformazione del *marker*

Per un collocamento fine del *marker*, ci viene incontro una finestrella di *zoom* posta nel pannello *Track* della *Properties Bar*.

In quest'area è possibile spostare il *marker* in modo molto più preciso.

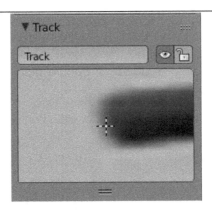

fig. 407 posizionamento fine del *marker*

Nel pannello *Track* della *Tools Shelf*, invece, vi sono le frecce di tracciamento.

Le due centrali opposte tracciano automaticamente tutto il *path* (percorso) dei *marker* selezionati, mentre quelle due estreme della stessa fila, tracciano manualmente, fotogramma dopo fotogramma, il percorso.

fig. 408 pulsanti di tracciamento dei *marker*

Clicchiamo sul primo pulsante a destra in alto.

La sequenza video si posizionerà al fotogramma 2 e il *marker*, si sposterà dalla posizione originale assoluta, rimanendo ancorato al *pixel* al *margine* della bacchetta, dal quale comparirà un segmento rosso che indica la porzione di percorso del *marker* tra i primi due fotogrammi.

fig. 409 interruzione del tracciamento

Clicchiamo ora sul secondo pulsante di tracciamento a destra (freccia). Blender calcolerà tutto il tracciamento del *marker* fino al fotogramma 42, in cui il *pixel*, troppo sfocato per via dell'eccessiva velocità di movimento, verrà perso di vista.

Spostiamo manualmente il *marker* fino alla posizione desiderata, proseguendo nel tracciamento.

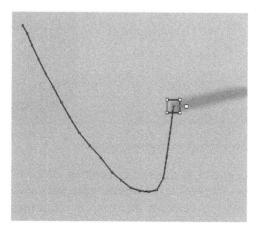

fig. 410 tracciamento manuale del *marker* al fotogramma 42

Clicchiamo nuovamente sul pulsante per il trascinamento manuale e posizioniamo il *marker* fino a che, ripetendo il processo, non riprenderà il tracciamento automatico e il riconoscimento del *pixel*.

Al fotogramma 144 dovremo riprendere con il posizionamento manuale fino al 146 in cui il *marker* uscirà dall'inquadratura.

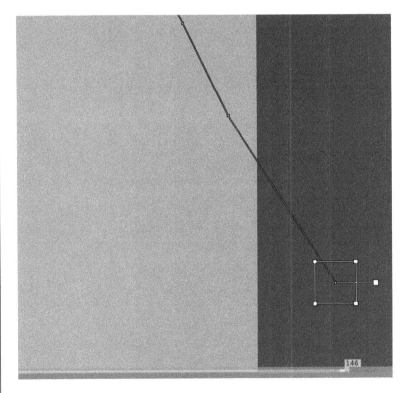

fig. 411 ultimo fotogramma per il tracciamento del *marker*

Andiamo ora al fotogramma centrale della sequenza video. Sarà ben visibile il *marker* con il tracciamento del marker alle posizioni precedenti (spezzata colorata in rosso) e successive (in blu) alla posizione corrente.

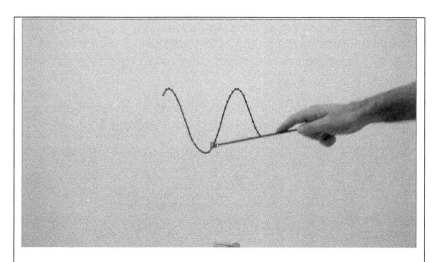

fig. 412 *path* del *marker*

Torniamo al fotogramma 1. Nel pannello *Geometry* nel *tab Solve* della *Tools Shelf*, clicchiamo il pulsante *Link Empty to Track* per inserire nella scena 3D (visibile nella 3D view) un oggetto *Empty* imparentato con la camera.

fig. 413 *Link Empty to Track*

327

Successivamente clicchiamo anche sul pulsante *Set as Background* nel sottostante pannello *Scene Setup*, per impostare la sequenza video come sfondo dell'inquadratura della camera nella 3D view.

Questa operazione equivale a inserire la sequenza video nel pannello *Background Images* nella *Properties Bar* della 3D view.

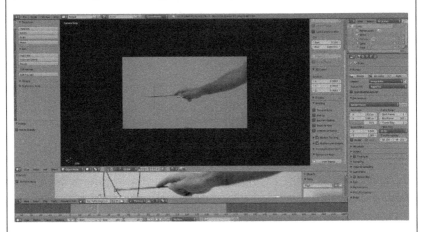

fig. 414 *Set as Background*

Lanciando l'animazione con ALT + A, l'*Empty* rimarrà incollato sulla punta della bacchetta in tutto il percorso, seguendone il movimento.

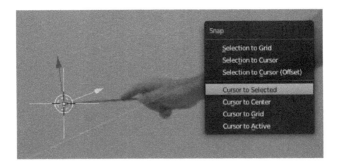

fig. 415 posizionamento del *3D Cursor* sull'estremità della bacchetta

Selezioniamo l'oggetto *Empty* nella 3D view e digitiamo SHIFT + S, scegliendo l'opzione *Cursor To Selected* per posizionare il *3D Cursor* sull'*Empty*.

Inseriamo quindi una sfera e scaliamola fino alle dimensioni del diametro pari al diametro della sezione della bacchetta.

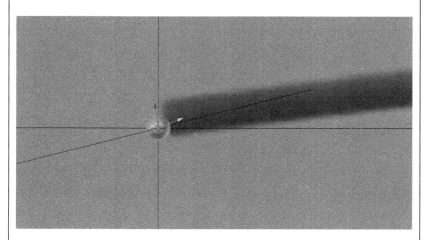

fig. 416 inserimento e scalatura della sfera

Selezioniamo prima la sfera, poi, tenendo premuto SHIFT, anche l'*Empty*, e digitiamo CTRL + P per imparentarli.

Lanciando l'animazione, la piccola sfera rimarrà incollata all'estremità della bacchetta, secondo il movimento dell'*Empty*.

Nel *layer* 2, inseriamo una seconda piccola sfera, opportunamente scalata.

Spegniamo quindi il *layer* 2 e, *ritornati nel* layer 1, selezioniamo la prima sfera, aggiungendo ad essa un sistema particellare di tipo *Emitter*.

Impostiamo 2000 emissioni e, nel pannello *render* del *Particle System*, clicchiamo sullo *switch Object*, specificando la seconda sfera.

Lanciando l'animazione, la sfera principale emetterà le altre che, tuttavia, tenderanno a cadere verso il basso.

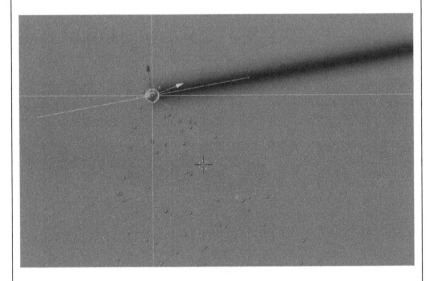

fig. 417 emissioni soggette alla forza di gravità

Questo perché sono soggette alla forza di gravità, che andremo a disattivare nel pannello *Field Weight, Gravity*.

Riduciamo a 0,1 anche il parametro *Normal* del pannello *Velocity*.

Definiamo quindi la durata dell'animazione, specificando il fotogramma iniziale (*Start* = 1) e quello finale (*End* = 161) dell'animazione nel pannello *Emission* e la vita delle particelle prima di estinguersi (*Lifetime*) a 50.

Infine selezioniamo la seconda sfera (oggetto del *Particle System*) nel *layer* 2 e assegnamole un nuovo materiale di tipo *Emission* di colore rosso e di forza (*Strength*) 10.

Le particelle emesse saranno ora luminose, ma lanciando il *render* non verrà visualizzato lo sfondo.

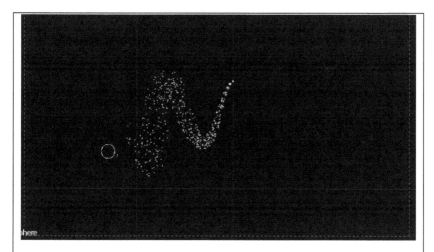

fig. 418 emissione di particelle luminose

Comporre il render e la sequenza di immagini

Per risolvere il problema, entra in gioco il **Compositing**.

Lanciamo il *render* dell'animazione, al termine del quale verrà visualizzato il primo fotogramma nella *UV/Image Editor*.

Nella *header* clicchiamo sull'icona *Compositing* e spuntiamo *Use Nodes* e *Backdrop*.

fig. 419 *Compositing options*

Nella regione centrale saranno già presenti due nodi tra loro connessi: *Render Layer* e *Composite Output*.

Dovremo aggiunger e un nodo *Input Movie Clip* (sul quale caricheremo la sequenza originale e un nodo *Output Viewer*, che renderà possibile la *preview* della scena in *background*.

331

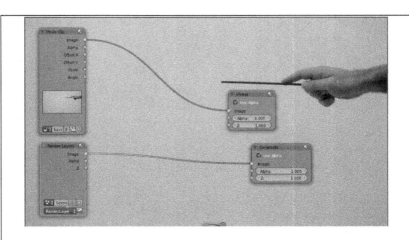

fig. 420 i primi nodi nel *Compositing*

Quello che dovremo fare sarà sommare le immagini dello sfondo a quelle dei fotogrammi dell'animazione del sistema particellare.

Aggiungiamo un nodo *Color Mix* (impostato come *Add*) sul quale inseriremo nei *socket Color* in *Input* i nodi *Movie Clip* e *Render Layer*. Le due immagini saranno sovrapposte.

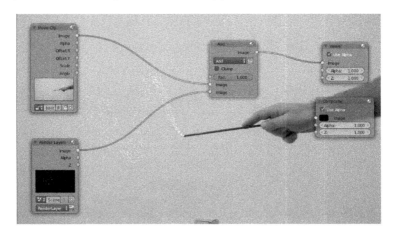

fig. 421 sovrapposizione del *Movie Clip* e del *Render Layer*

332

Le particelle risultano tuttavia troppo definite, benché luminose. Mancano di un naturale alone che le renderebbe più credibili.

Duplichiamo il nodo *Add* e posizioniamolo tra il suo originale e il nodo *Output Viewer*.

Aggiungiamo quindi un nodo *Blur*, scegliendo *Gaussian* come *Filter Type* e impostando a 15 il valore di sfocatura orizzontale in direzione *x*.

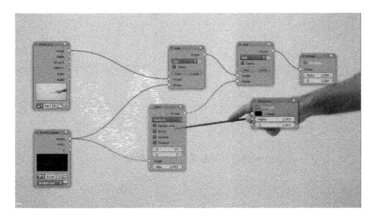

fig. 422 nodo *Blur*

Il risultato è migliore, ma non ancora sufficiente.

Ripetiamo l'operazione di duplicazione del nodo *Add* e, inseriamo un ulteriore nodo *Blur*, i cui valori *x* e *y* siano decisamente maggiori (100) e frapponiamolo fra il *Blur* precedente e l'ultimo *Add*.

Una nuova sfocatura, questa volta un vero e proprio alone, sarà ulteriormente aggiunto alle particelle emesse.

Non dimentichiamoci di collegare l'ultimo nodo della catena con il nodo *Composite Output*, impostiamo MOV MPEG-2 come formato video di uscita e lanciamo il *rendering* cliccando su *Animation*.

333

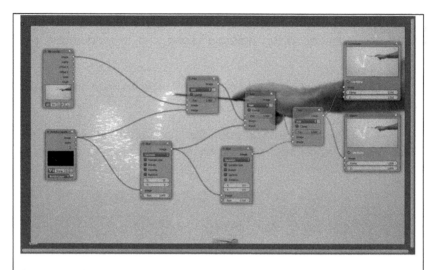

fig. 423 *render* finale dell'animazione

7.1.3. Fotogrammetria e *Motion Tracking*

La **fotogrammetria** è una tecnica di rilievo, usata principalmente in topografia, in architettura e in cartografia, che permette di acquisire dei dati metrici di un oggetto (forma e posizione nello spazio) tramite l'acquisizione e l'analisi di una coppia di fotogrammi. Permette, dunque, di identificare la posizione spaziale di tutti i punti d'interesse dell'oggetto considerato.

Naturalmente, in questa trattazione, ometteremo le nozioni matematiche e trigonometriche. Sarà sufficiente sapere che le informazioni sulla posizione rispetto a un sistema di assi cartesiani (o un sistema polare) di un qualsiasi punto nello spazio possono essere raccolte inquadrandolo da due posizioni diverse e considerando le distanze dalle camere di ripresa, gli angoli di elevazione tra il punto e le camere, rispetto all'orizzontale e la distanza tra le due camere.

In topografia, le due camere sono rappresentate dagli specifici strumenti di rilevamento trigonometrico, detti tacheometri.

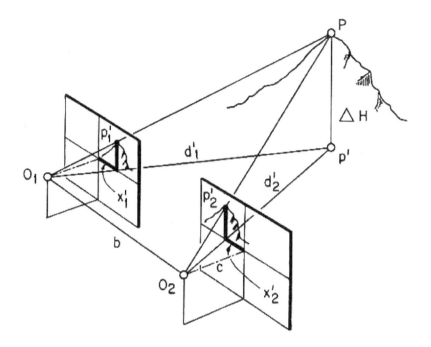

fig. 424 rappresentazione schematica del rilievo trigonometrico del punto P nello spazio

fig. 425 un tacheometro

335

Blender è in grado di simulare il funzionamento di un tacheometro e riconoscere la posizione di punti nello spazio, individuati con i *marker*, utilizzando due fotogrammi della stessa scena immortalata da due angolazioni differenti, ricreando quindi le posizioni della camera (tacheometro) dei due fotogrammi.

ESERCIZIO n. 13: SUZANNE NELLA FABBRICA ABBANDONATA

fig. 426 i due fotogrammi della stessa scena ripresa da due angolazioni differenti

In questo secondo esercizio, mostreremo come è possibile inserire un oggetto 3D in una scena reale, utilizzando soltanto due fotogrammi, due riprese della stessa scena da angolazioni differenti.

Per prima entriamo in *Movie Clip Editor* e, cliccando su *Open*, carichiamo i due fotogrammi *"Fotogramma 1 Factory.png"* e *"Fotogramma 2 Factory.png"*.

Nel pannello *Clip* del *tab Track* della *Tools Shelf*, clicchiamo su *Set Scene Frames* per definire i due fotogrammi come sequenza base.

fig. 427 *Set Scene Frames*

Nella parte inferiore dell'immagine i due fotogrammi saranno visualizzati da altrettante barrette orizzontali numerate 1 e 2.

fig. 428 i due fotogrammi della sequenza

337

La barra relativa al fotogramma attivo sarà colorata in verde. Per saltare velocemente da un fotogramma all'altro basta digitare i tasti LEFT e RIGHT ARROW.

Posizioniamoci al fotogramma 1.

Prima di inserire il *marker*, introduciamo un nuovo concetto: la *search area*. Si attiva spuntando *Search* nel pannello *Marker Display* della *Properties Bar* riferita a un *marker*.

fig. 429 attivazione della *Search Area*

Questa visualizza un secondo quadrato (come il precedente posizionabile, scalabile e ruotabile) che definisce l'area tra un fotogramma e l'altro in cui Blender deve ricercare il punto a cui fa riferimento il *marker*.

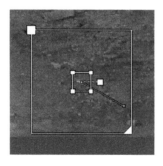

fig. 430 *Search Area*

338

Inseriamo un *marker* e fissiamolo su un punto nel pavimento, dove è presente un elemento riconoscibile.

Abbiamo due strade: selezionare il *marker* e tracciare automaticamente il *path*, dopo aver valutato le dimensioni della *Search Area* saltando tra un fotogramma e l'altro, oppure spostare il *marker* manualmente nel fotogramma 2.

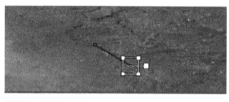

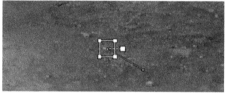

fig. 431 traccia del *marker* tra i due fotogrammi

Con lo stesso sistema inseriamo almeno altri 7 *marker* e individuiamo i relativi *path*.

fig. 432 8 *marker*

Dopo aver fissato il *Keyframe B* a 2 nel pannello *Solve* della *Tools Shelf*, selezioniamo tutti i fotogrammi e clicchiamo sul pulsante *Solve Camera Motion* per eseguire il calcolo.

Il tracciamento si è rivelato ottimo, dato che (in basso, nell'*header*) il numero degli errori, espressi in *pixel* è stato valutato a 0.0001, pressoché nullo.

Sdoppiamo quindi la finestra e impostiamo l'interfaccia come da esempio, visualizzando la vista camera e la scena 3D (3D view).

Selezioniamo la camera e, nel *tab Constraints* della finestra *Properties*, scegliamo il vincolo *Camera Solve* per legare la camera ai *marker* nella scena 3D.

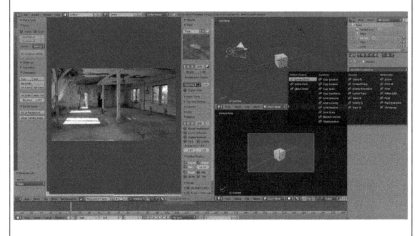

fig. 433 *Solve Camera Data* e applicazione del *Constraint Camera Solver* alla camera

Impostiamo quindi come sfondo la sequenza di due fotogrammi.

Abbiamo due strade: cliccare su *Set As Background* nel pannello *Scene Setup* della *Tools Shelf* o inserire la sequenza come *background Images* in vista camera nella *Properties Bar* della 3D view.

340

fig. 434 *Set As Background*

La sequenza sarà inquadrata dalla camera, ma non in modo correttamente allineato rispetto agli assi di riferimento.

Il motivo sta nel fatto che Blender non conosce a priori quale sia il piano orizzontale di riferimento nella sequenza, ne l'orientamento degli assi, né l'origine, né tantomeno la scala, tutte informazioni che andremo subito a impostare, iniziando dal piano di riferimento xy.

È noto che tre punti non allineati individuano un piano.

Selezioniamo quindi tre *marker* posizionati sul pavimento della scena e clicchiamo su *Floor* nel pannello *Orientation* della *Tools Shelf*.

fig. 435 individuazione del piano orizzontale xy.

341

Automaticamente nella vista 3D, la camera e i marker ad essa legati ruoteranno in modo da disporre i tre marker sul piano xy.

Impostiamo ora un *marker* come origine, cliccando su *Set Origin* nello stesso pannello.

fig. 436 *Set Origin*

fig. 437 *Set Y Axis*

Il terzo passo è quello di orientare uno dei due assi di riferimento sul piano orizzontale x, o y.

Scegliamo ad esempio i due *marker* alla base dei pilastri allineati in senso longitudinale e clicchiamo sul pulsante *Set Y Axis* nel pannello *Orientation*.

Precisiamo che queste operazioni possono essere eseguite anche tramite il menu *Reconstruction* nell'*header* del *Movie Clip Editor*.

L'ultimo passaggio consiste nel definire la scala. Conoscendo la distanza tra due punti noti, selezioniamo i *marker* di riferimento e clicchiamo su *Set Scale*, impostando la distanza nel pannello *Set Scale* della *Tools Shelf*.

Ad esempio, la distanza nota tra i due pilastri che individuano l'asse y, è di 6 metri. Digitiamo 6 nel contatore *Distance* del pannello *Set Scale*.

fig. 438 *Set Scale*

Nella 3D view, la camera appare finalmente correttamente posizionata e la scena ricostruita.

343

Non ci resta che eliminare il cubo e, ad esempio, inserire *Suzanne*.

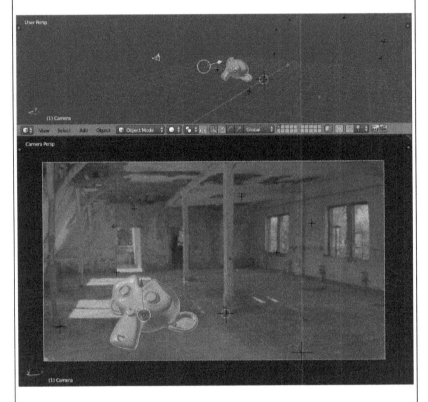

fig. 439 *Suzanne* correttamente inserita nella scena

Nei prossimi paragrafi, vedremo come integrare in modo realistico l'oggetto 3D nella scena reale, lavorando sull'illuminazione, i materiali e soprattutto le ombre, grazie all'uso indispensabile dello strumento **Compositing**.

7.1.4. *Camera Tracking* in sequenze a camera mobile

Il terzo esempio che andremo tra breve a rappresentare mostrerà come in un filmato più complesso (formato quindi da più fotogrammi), con camera in movimento, potremo ricostruire non solo un fotogramma della scena reale, ma la sequenza nella sua interezza, riproducendo fedelmente il movimento della camera.

In questo caso i *marker* tracceranno i *pixel* per tutta la durata del filmato.

 ESERCIZIO n. 14: FILMATO CON SUZANNE NELLA FABBRICA

Scopo di questo esercizio sarà, quindi, riprodurre il movimento della camera per tutta la durata del filmato e inserire un oggetto 3D nella scena in modo che, anche durante il movimento, risulti perfettamente integrato.

Carichiamo il file *factory_01.mov*, impostiamo 25 *fps* e clicchiamo su *Prefetch* per salvare i fotogrammi nella *cache* e visualizzare la sequenza in modo più fluido.

Impostiamo 250 anche nel *keyframe B* della *Tools Shelf*.

Questa volta, impareremo ad inserire i *marker* in modo automatico, lasciando a Blender l'incombenza di decidere quali saranno i *pixel* di riferimento da tracciare, cliccando su *Detect Features* nel pannello *marker* della *Tools Shelf*.

Possiamo in ogni caso intervenire nel numero di *marker* da inserire e la distanza tra essi nel pannello *Detect Features* che si attiverà alla pressione dell'omonimo pulsante, o digitando F6, regolando i parametri nella finestra.

Automaticamente i *marker* verranno inseriti nella scena.

Abbiamo ovviamente la possibilità di eliminarli o aggiungerne altri a piacimento.

A questo punto possiamo iniziare il *tracking*.

fig. 440 impostazione dei *marker* automatici

fig. 441 *tracking* dei *marker*

Sarà perfettamente visibile quello che è noto come **effetto di parallasse**, per il quale in lontananza gli oggetti si muovono più lentamente rispetto a quelli in primo piano.

Al termine del processo, attiviamo il *Grease Pencil* e disegniamo un tratto chiuso sul lato destro del pavimento. Poi clicchiamo nuovamente su *Detect Features* selezionando l'opzione *Inside Grease Pencil* nel menu *Placement* del pannello *Detect Features*.

Impostiamo una frequenza inferiore (0.3) e una distanza inferiore ai 120 di *default*, ad esempio 33.

Verranno inseriti ulteriori *marker* all'interno del perimetro disegnato.

fig. 442 *marker* all'interno della *Grease Area*

Andiamo ora all'ultimo fotogramma, e clicchiamo nuovamente *Detect Features*, lanciando il tracciamento all'indietro. Questa operazione risulterà utile per tracciare altri *pixel* differenti da quelli già impostati.

Infine clicchiamo su *Solve Camera Motion*.

347

fig. 443 inserimento automatico di altri *marker* tracciando il *path* all'indietro dall'ultimo fotogramma

Selezioniamo la camera e vincoliamola ai *marker* dal *tab* *Constraints* della finestra *Properties*, scegliendo l'opzione *Solve Camera*.

Come visto in precedenza, questa operazione ricreerà l'ambiente virtuale e i movimenti della camera nello spazio, fotogramma per fotogramma.

fig. 444 *Constraint Solve camera*

Dopo aver definito tre *marker* sul pavimento impostati come piano orizzontale *xy*, l'origine degli assi, l'orientamento *x* o *y* e la scala, eliminiamo il cubo di *default* e inseriamo un piano scalato delle dimensioni del pavimento, controllando che i vertici coincidano con quelli delle pareti e una *Monkey*, opportunamente posizionata in primo piano, sul lato destro della scena.

Lanciamo l'animazione con ALT + A. Gli oggetti 3D saranno correttamente inquadrati dalla camera virtuale e integrati nella scena reale.

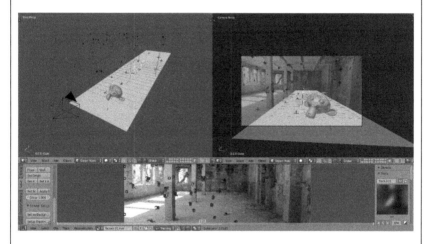

fig. 445 oggetti 3D integrati nella scena reale

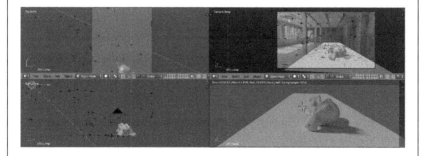

fig. 446 *Lamp Sun*

349

Lanciamo il *rendering* in *preview* con SHIFT + Z. Ovviamente il fotogramma corrente della sequenza video non verrà visualizzato perché si tratta, di fatto, di un semplice background.

Aggiungiamo una *Lamp Sun* e incliniamola in modo che l'ombra della *Monkey* sia proiettata sul piano con la stessa direzione e inclinazione della scena reale.

Compositing e Render layer

L'intento di questa seconda parte dell'esercizio è quello di completare realisticamente l'integrazione della *Monkey* nella sequenza video, assegnando ad essa un materiale e facendo in modo che riceva la corretta illuminazione e che proietti adeguatamente l'ombra sul pavimento reale.

Naturalmente, benché Blender sia stato in grado di riconoscere l'orientamento e la prospettiva della scena grazie ai *marker*, non disponiamo di una vera e propria scena 3D, ma di una sequenza di immagini bidimensionale, motivo per il quale le ombre non potranno essere realmente proiettate sulla strada e sugli altri oggetti.

E qui entrano in gioco i miracoli che lo strumento **Compositing**, insieme ai **Render Layer**, ci può regalare.

Dovremo renderizzare separatamente la scena in *background*, l'oggetto 3D e le sue ombre proiettate. Il piano che abbiamo precedentemente inserito ci sarà d'aiuto per l'estrapolazione dell'ombra.

Per prima cosa applichiamo un materiale alla *Monkey*. Ipotizziamo sia realizzata in pietra sbozzata, bicolore, molto irregolare e poco riflettente.

Apriamo il *Node Editor* e impostiamo come *Displacement* una *Noise Texture* in bianco e nero.

Definiamo come colore diffuso un *mix* fra due colori *RGB* bilanciati tra loro in modo casuale. Anche in questo caso una *Noise Texture*, connessa con il *Fac* del nodo *Mix RGB*, ci viene incontro.

Aggiungiamo un *Mix Shader* e un *Glossy* da miscelare con il *Diffuse* e impostiamo con fattore di bilanciamento un nodo *Fresnel*.

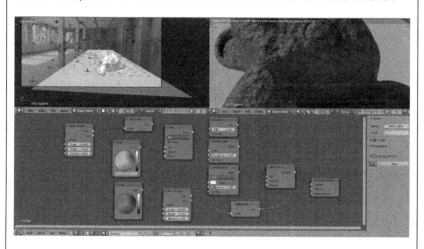

fig. 447 il materiale associato alla *Monkey*

Selezioniamo ora il sole e digitiamo M per aprire la finestra dei *layer*.

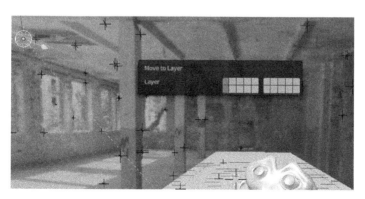

fig. 448 il sole si troverà sia nel *layer* 1, sia nel *layer* 11

351

Manteniamo premuto SHIFT e clicchiamo sul *layer* 11. In questo modo il sole si troverà sia all'interno del *layer* 1, sia all'interno del *layer* 11. Fra poco capiremo perché.

Selezioniamo quindi il piano su cui si proietta l'ombra della *Monkey* e digitando M, spostiamolo nel *layer* 11.

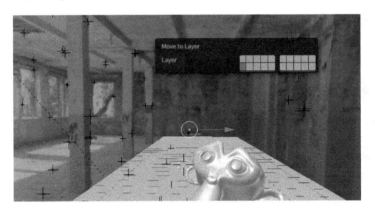

fig. 449 spostare il piano nel *layer* 11

A questo punto entrano in gioco i *Render Layer*.

L'obiettivo è quello di ottenere differenti passaggi specifici in fase di renderizzazione, in modo da differenziare i canali di ombre e oggetti visibili o invisibili (come il piano).

Nel *tab Render Layers* della finestra *Properties*, creiamo due *Render Layer*, che possiamo rinominare *"foreground"* e *"background"*.

Selezioniamo il primo e impostiamolo in modo che i *layer* 1 e 11 della scena siano renderizzati nel *render layer* 1.

Selezioniamo il secondo e impostiamolo in modo che i due *layer* nella scena siano renderizzati nel *render layer* 11, con l'accortezza di attivare nel pannello *Passes* i filtri *Shadows* e *AO* (*Ambient Occlusion*).

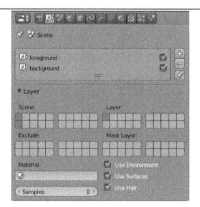

fig. 450 *Render Layer* 1

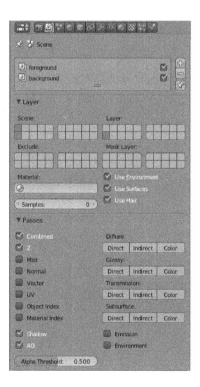

fig. 451 *Render Layer* 11

353

Prima di lanciare il *rendering*, nel *tab World* della finestra *Properties* fissiamo come nero il colore di *background* della scena 3D, in modo che non interferisca nell'illuminazione.

fig. 452 *Background* della scena fissato sul nero

Inoltre, **nel pannello Film del *tab Render* della finestra *Properties*, è necessario abilitare la spunta *Transparent* per abilitare le trasparenze.**

fig. 453 abilitare la spunta *Transparent*

Posizioniamoci ora in un fotogramma centrale e lanciamo il *rendering* dell'immagine digitando F12.

Il processo consisterà in più passaggi più il *Combined*.

fig. 454 *Render Layer*. Da sinistra verso destra: *foreground*; *background shadows*; *background AO*

354

Entriamo nel *Node Editor* e selezioniamo la modalità **Compositing**.

Attiviamo *Use Nodes* e *Backdrop*, quindi inseriamo il nodo *Viewer* per visualizzare in tempo regolare l'immagine di sfondo.

Il primo passo consiste nel visualizzare lo sfondo, quindi un fotogramma della sequenza. Aggiungiamo il nodo *Input Movie Clip* e carichiamo il filmato cliccando su *Open*.

Colleghiamo il *socket* in uscita Image del nodo con quello in ingresso del *Viewer*.

Per scalare il filmato alle stesse dimensioni del *render*, inseriamo un nodo *Distortion Scale*, impostato come *Render Size*.

Ricordiamo che le *shortcut* per lo *zoom* della visualizzazione dello sfondo nel *Node Editor* sono V per rimpicciolire e ALT + V per ingrandire.

fig. 455 la sequenza visualizzata nel compositing.

Nel nodo *Render Layer*, già presente, selezioniamo dal menu la voce *Background*. Ricordiamo che questa dispone di due *passes*: *Shadows* e *AO*.

Inseriamo un nodo *Mix Color* e impostiamolo come *Multiply*.

Ai due *socket* in ingresso *Image*, colleghiamo l'uscita del nodo *Scale* e l'uscita *Shadow* del nodo *Render Layer*.

fig. 456 *Color Multiply* al 60% tra *Shadow* e *Movie Clip*

Il prossimo *step* prevede di rendere trasparente il piano e di separarlo dalle ombre. Possiamo sfruttare il canale in uscita *Alpha* del nodo *Render Layer*, ma, poiché il colore nero viene considerato come trasparenza, sarà necessario invertire l'immagine proveniente dal canale in uscita *Alpha* con un nodo *Color Invert*.

Di seguito possiamo sommare con un nodo *Color Mix*, impostato su *Add*, il canale *Alpha* e il canale *Shadow*, inviando l'uscita al secondo *socket* in ingresso *Image* del nodo *Multiply*.

fig. 457 separazione della trasparenza dalle ombre

356

Adesso dobbiamo ripetere la stessa operazione con l'AO, duplicando il nodo *Add* e connettendo in entrata *Invert* e AO. Duplichiamo ancora il nodo *Multiply* e frapponiamolo fra l'originale e il nodo *Add* che somma insieme l'ombra e l'AO.

Inserendo l'AO nel *socket* superiore del nodo *Multiply* e l'ombra in quello inferiore, potremo dare maggiore importanza al primo, ottenendo ombre più scure in prossimità della superficie della *Monkey*.

Bilanciamo il *Fac* fino ad ottenere un bilanciamento accettabile.

fig. 458 miscelazione tra le ombre e l'AO

Ci rimane soltanto da inserire la *Monkey*.

Inseriamo un nuovo nodo *Render Layer* e impostiamolo su *foreground*.

Per evitare che la definizione dell'oggetto 3D sia eccessivamente superiore a quella dello sfondo e che risulti troppo netta, aggiungiamo un nodo *Blur* in cui imposteremo valori molto bassi (1 o 2) ai parametri *X* e *Y*.

Aggiungiamo un ulteriore nodo *Color Add* oppure, al fine di migliorare il contorno della *Monkey*, un nodo *Alpha Over*.

fig. 459 configurazione finale dei nodi

Non ci resta che connettere l'uscita del nodo *Alpha Over* al nodo *Composite* e nell'*UV/Image Editor* salvare con F3 il risultato finale.

fig. 460 *render* finale

358

7.2. Movie Clip Editor

Come già visto negli esercizi precedenti, lo strumento (ambiente di lavoro) in cui si opera in **Motion Tracking** è la finestra **Movie Clip Editor**, la cui icona è rappresentata da un *ciak*.

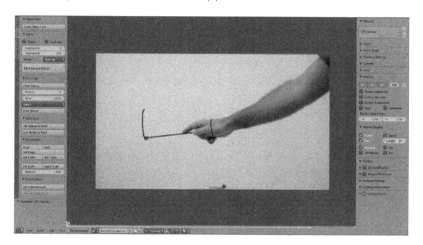

fig. 461 *Movie Clip Editor*

In questo paragrafo analizzeremo dettagliatamente, così come per tutti gli *editor* di Blender, le funzionalità e i comandi presenti nell'*header* della finestra e nelle due *sidebar*.

Dovreste ormai aver preso familiarità con il *Movie Clip Editor* e molte funzioni sono già note.

Così come la 3D view, anche l'interfaccia del *Movie Clip Editor* è molto semplice, composta da un'area centrale in cui viene visualizzata la *preview* della sequenza video, due *sidebar* (*Tools Shelf* e *Properties Bar*) e una header.

7.2.1. la header del Movie Clip Editor

fig. 462 la *header* del *Movie Clip Editor*

La *header* si presenta con menu e pulsanti che riassumono tutte le funzionalità disponibili per questo ambiente di lavoro.

Nel menu **View** e nel menu **Select** troviamo tutte le opzioni, comuni a gran parte delle finestre e già analizzate, relative rispettivamente alla visualizzazione nell'area di lavoro e ai metodi di selezione dei *marker*.

Il menu **Clip** contiene le opzioni specifiche per la sequenza caricata nell'*editor*.

fig. 463 il menu *Clip*

- Open Clip (ALT + O) apre una nuova sequenza da *browser*. In caso di sequenza immagini, dal *browser*, è sufficiente selezionare il primo fotogramma della lista presente nella cartella e confermare per caricare nel *Movie Clip Editor* tutta la sequenza;

- *Prefetch Frames* (P) salva nella *cache* tutta la sequenza, consentendo una *preview* più fluida;

360

- *Reload Clip* ricarica e aggiorna la sequenza video in caso di modifiche;

- *Proxy* apre un sottomenu di due voci, dal quale rigenerare i *proxy* e i *timecode* della sequenza (*Rebuild Proxy and Timecode Indices*) o eliminarli (*Delete Proxy*).

fig. 464 il menu *Proxy*

Il menu *Track* dispone di tutti gli strumenti per la gestione delle tracce e dei *marker*.

fig. 465 il menu *Track*

361

- nel sottomenu *Transform* sono disponibili le voci *Translate* (G) e Resize (S) che consentono rispettivamente di spostare e scalare i *marker*;

- *Show/Hide* apre un sottomenu di tre voci dal quale nascondere (H) o ripristinare (ALT + H) la visualizzazione dei *marker*;

- *Add Marker and Move* aggiunge e posiziona un *marker* nell'area di *preview* della sequenza video;

- *Delete Marker* (SHIFT + CANC) elimina i *marker* selezionati;

- *Delete Track* (CANC) elimina la traccia calcolata dei *marker* selezionati;

- *Track Frame Forwards* (ALT + RIGHT ARROW) crea la traccia dei *marker* selezionati dalla posizione corrente al fotogramma successivo, in senso positivo;

- *Track Forwards* (CTRL +T) crea la traccia dei *marker* selezionati dal fotogramma corrente fino al termine della sequenza in cui i *pixel* associati siano riconoscibili;

- *Track Backwards* (SHIFT + CTRL + T) crea la traccia dei *marker* selezionati dal fotogramma corrente fino all'inizio della sequenza in cui i *pixel* associati siano riconoscibili;

- *Track Frame Backwards* (ALT + LEFT ARROW) crea la traccia dei *marker* selezionati dalla posizione corrente al fotogramma precedente, in senso negativo;

- *Paste Tracks* (CTRL + V) incolla le tracce precedentemente copiate;

- *Copy Tracks* (CTRL + C) copia le tracce selezionate;

- *Clean Tracks* pulisce le tracce con eventuali errori di *solving*;

362

- *Join Tracks* (CTRL + J) unisce la risultante delle tracce selezionate;

- *Clear Track Path* (SHIFT + ALT + T) cancella la traccia precedente calcolata dai *marker* selezionati;

- *Clear Before* (SHIFT + T) cancella le tracce in tutti i fotogrammi precedenti rispetto alla posizione attuale dei *marker* selezionati (tracce rosse);

- *Clear After* (ALT + T) cancella le tracce in tutti i fotogrammi successivi rispetto alla posizione attuale dei *marker* selezionati (tracce blu);

- *Solve Camera* (SHIFT + S) esegue il *solving* delle tracce, calcolando eventuali errori;

- *Clear Solution* annulla il *solving*.

Nell'ultimo menu, **Reconstruction**, sono raccolti i comandi per l'orientamento e la ricostruzione della scena in 3D. Come visto negli esercizi precedenti, gli stessi comandi si trovano anche nella *Tools Bar*, nel pannello *Geometry* del *tab Solve* e servono per definire il piano orizzontale *xy* (*Floor*), dati 3 punti (*marker*) complanari; il piano verticale *xz* o *yz* (*Wall*); il verso dell'asse *x* o *y*; l'origine (*Origin*); la scala (*Scale*); oppure di linkare ai *marker* degli oggetti *Empty* o una *mesh*.

fig. 466 il menu *Reconstruction*

363

La casella successiva permette l'importazione della sequenza ed, eventualmente, di rinominarla, eliminarla o duplicarla (F).

fig. 467 il menu *Mode*

Il menu a tendina **Mode** passa dalla modalità *Tracking* alla modalità *Mask*, che consente di inserire una maschera di ritaglio nella sequenza, ovviamente tracciabile, utile per creare più livelli e frapporla tra la sequenza e altri oggetti, ad esempio nel caso di un oggetto 3D che passa dietro a un albero.

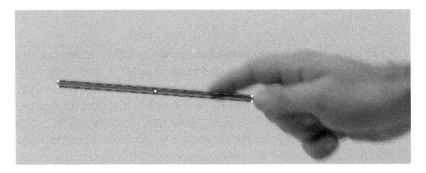

fig. 468 una maschera rettangolare

fig. 469 lo *switch Type*

Lo *switch* **Type** permette di impostare il *Movie Clip Editor* come *Clip* (modalità *standard*), come *Graph* (modalità con grafico che rappresenta il *path* dei *marker* tracciati), o come *Dopesheet* (modalità che visualizza gli eventi in una finestra *Dopesheet*).

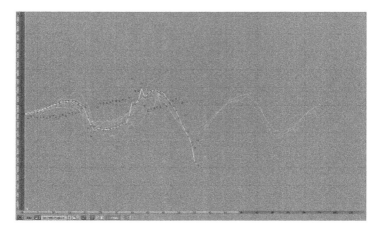

fig. 470 *Graph Type*

Gli eventi e i vertici che compongono le tracce e le curve possono essere spostati e copiati a mano, al fine di correggere errori e movimenti eccessivamente bruschi, che possono essere causa di problemi di orientamento.

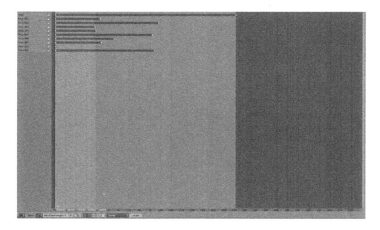

fig. 471 *Dopesheet Type*

L'ultimo menu a tendina definisce la posizione dei **pivot** per le trasformazioni dei *marker* e delle tracce.

fig. 472 *Pivot Point* menu

7.2.2. Le maschere

Aggiungere una maschera (**Mask**) su oggetti che devono essere sostituiti, eliminato, divenire trasparenti o essere riconosciuti in primo piano rispetto ad oggetti 3D è semplice.

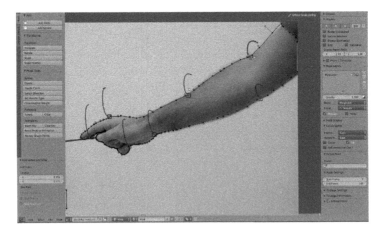

fig. 473 una maschera disegnata a mano attorno al braccio

366

Le maschere possono essere inserite automaticamente cliccando su *Add Circle* o *Add Square* (maschere circolari o quadrate) nella *Tools* Shelf e poi modificate manualmente o a mezzo dei comandi del pannello *Transform* della *Tools Shelf*; oppure disegnate lungo un contorno complesso, punto dopo punto tenendo premuto CTRL e cliccando più volte su RMB.

Le maschere devono essere chiuse per definire un'area, digitando ALT + C.

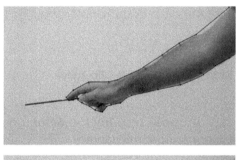

fig. 474 la maschera in tre fotogrammi chiave (*keyframe*)

Disegnata la maschera al primo fotogramma (si consiglia di non esagerare con il numero di vertici), digitando I, si fissa un *keyframe*.

Saltando alcuni fotogrammi, occorre riposizionare a mano i punti della *spline* che compongono la maschera e digitare nuovamente I, procedendo in modo analogo fino alla fine della sequenza.

Tra un *keyframe* e l'altro, si procede quindi per approssimazioni successive. Penserà Blender a eseguire l'interpolazione fra i *keyframe*.

7.2.3. *La* Tools Shelf *del* Movie Clip Editor

Oltre al *tab Grease Pencil*, la *Tools Shelf* relativa al *Movie Clip Editor* dispone di 2 principali *tab*, **Track** e **Solve**, ognuno dei quali suddiviso, come di consueto in più pannelli.

Le funzioni e i comandi disponibili altro non sono che la ripetizione di quelli già visti nei menu dell'*header*.

A) Il *tab* **Track** contiene tutte le funzioni legate ai *marker* e alla tracciatura durante l'animazione.

Esso è suddiviso in 4 pannelli.

Nel pannello **Clip** sono disponibili 3 pulsanti.

- *Prefetch* serve a eseguire il calcolo dei fotogrammi e salvarlo nella *cache* ai fini di una visualizzazione fluida;

- *Reload* ricarica l'animazione;

- *Set Scene Frames* definisce automaticamente il primo e l'ultimo fotogramma della sequenza.

fig. 475 il *tab* Track della *Tools Shelf*

Nel pannello **Marker** vi sono tre comandi che consentono di inserire (*Add*) o eliminare (*Delete*) manualmente un *marker*, oppure di

369

permettere a Blender di inserirli automaticamente (*Detect Features*) secondo i parametri definiti nell'omonimo pannello dedicato.

Nel terzo pannello, **Tracking Settings**, sono contenute tutte le impostazioni sul tracciamento dei *marker*.

Sono disponibili 4 *preset* (*default*; *Blurry Motion*, adatto per sequenze poco nitide; *Fast Motion*, per sequenze rapide; e *Planar* per sequenze planari). Naturalmente è possibile crearne di personalizzate e salvarle, rinominandole, con pulsante +, oppure eliminare un *preset* con il pulsante X.

I pulsanti R, G, B attivano o disattivano i tre canali principali del colore ai fini di una ricerca più dettagliata.

Pattern Size e *Search Size* definiscono rispettivamente le dimensioni del *marker* e della *search area*, espresse in *pixel*.

Il menu *Motion Model* controlla il metodo di ricerca dei *marker* in base al tipo di prospettiva della sequenza.

fig. 476 *Motion Model*

Il menu *Match* consente di scegliere il metodo di inserimento dei *marker* basandosi su *keyframe* o sui fotogrammi successivi.

370

La spunta *Prepass* forza il trascinamento durante il *tracking* ai fini di individuare quanto più possibile una nuova posizione del *marker* nel fotogrammi successivi.

La spunta *Normalize* effettua un *tracking* più preciso e morbido a scapito della velocità di calcolo.

Copy From Active Track copia le informazioni delle tracce dei *marker* selezionati.

Extra Settings contiene alcuni parametri aggiuntivi utili per la regolazione dei margini dei fotogrammi, oltre i quali il tracciamento verrà interrotto; e sulle maschere. *Weight* definisce l'influenza sui *marker* di questi parametri.

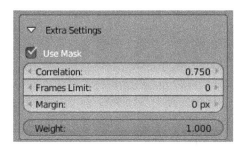

fig. 477 *Extra Settings*

L'ultimo pannello **Track** dispone dei pulsanti necessari per eseguire il tracciamento dei *marker*.

fig. 478 i pulsanti *Track*

I quattro pulsanti *Track*, indispensabili per il tracciamento dei *marker*, da sinistra verso destra, sono:

- *Track Frame Forwards* (ALT + RIGHT ARROW) creare la traccia dei *marker* selezionati dalla posizione corrente al fotogramma successivo, in senso positivo;

- *Track Forwards* (CTRL +T) creare la traccia dei *marker* selezionati dal fotogramma corrente fino al termine della sequenza in cui i *pixel* associati siano riconoscibili;

- *Track Backwards* (SHIFT + CTRL + T) creare la traccia dei *marker* selezionati dal fotogramma corrente fino all'inizio della sequenza in cui i *pixel* associati siano riconoscibili;

- *Track Frame Backwards* (ALT + LEFT ARROW) creare la traccia dei *marker* selezionati dalla posizione corrente al fotogramma precedente, in senso negativo;

fig. 479 i pulsanti *Clear*

I due pulsanti *Clear* eliminano rispettivamente le tracce precedenti rispetto al fotogramma attuale (tracce rosse) e le tracce successive (tracce blu).

fig. 480 i pulsanti *Refine*

I due pulsanti *Refine* perfezionano rispettivamente le posizioni dei marker precedenti e successivi rispetto alla posizione al fotogramma attuale.

fig. 481 il pulsante *Join Tracks*

L'ultimo pulsante, *Join Tracks*, unisce la risultante delle tracce selezionate.

B) Il *tab* **Solve** raccoglie tutti i dati e i parametri relativi al *tracking* e alla ricostruzione della scena 3D.

fig. 482 il *tab* Solve della *Tools Shelf*

Nel pannello **Plane Track** c'è un solo pulsante che consente di inserire un piano nella 3D view non connesso con I *marker*.

Nel pannello **Solve** vi sono I parametri necessari per eseguire il calcolo di *solving* delle trace, il calcolo degli errori e il riconoscimento della focale originale.

- Spuntando *Tripod*, Blender considererà che la camera originale è stata posizionata su un treppiede;

- La spunta *Keyframe* genera dei *keyframe* durante il processo di *solving*;

- *Keyframe A* e *Keyframe B* devono essere impostati secondo il fotogramma iniziale e quello finale della sequenza entro i quali si intende eseguire il calcolo;

- *Refine* apre un menu che consente a Blender di individuare le caratteristiche della camera originale (lunghezza focale, ottica, tipo di lente), al fine di una più corretta e precisa simulazione;

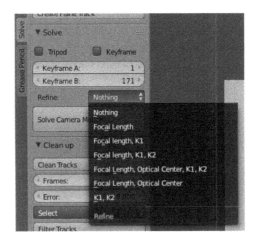

fig. 483 il menu *Refine* nel pannello *Solve*

- Il pulsante *Solve Camera Motion* esegue l'operazione di *solving* al termine della quale verranno segnalati eventuali errori espresso in pixel, nell'header della finestra. Errori inferiori a 1 *pixel* sono considerati più che accettabili, mentre inferiori a 3 *pixel* tollerabili. Per valori superiori sarà necessario intervenire eliminando *marker* problematici o correggendo il *path* manualmente.

Il pannello **Clean Up** contiene gli strumenti utili per la pulizia delle trace con errori. In particolare *Clean Tracks* elimina le tracce con grossi errori a partire dal fotogramma indicato nel contatore *Frames*.

- *Error* specifica la soglia oltre la quale va considerate l'errore;

- Il menu *Action* definisce l'azione da intraprendere, tra *Delete Segments*, *Delete Tracks*, *Select*;

- *Filter* permette di filtrare le tracce che mostrano picchi improvvisi nel *path*.

Il pannello **Geometry** mette in diretta connessione li *marker* selezionati della sequenza video con la 3D view, e, in particolare, secondo due opzioni:

- *3D Markers To mesh*, che inserisce nella 3D view una nuvola di vertici nello spazio in corrispondenza dei *marker*;

- *Link Empty To Track*, che assegna ai *marker* selezionati altrettanti oggetti *Empty* imparentati con la camera virtuale. Questo sistema è utile per il *tracking* di oggetti 3D parallelamente a quello dei *marker*.

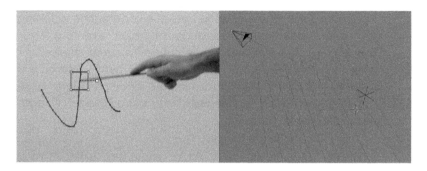

fig. 484 *Link Empty To Track*

Il pannello **Orientation** dispone degli strumenti per orientare e scalare la ricostruzione della sequenza nella scena 3D, individuando:

- il piano orizzontale (*xy*) o un piano verticale (*xz* o *yz*), selezionando 3 *marker* e cliccando rispettivamente sul pulsante *Floor* o *Wall*;

- l'origine (o il centro) della scena, selezionando un *marker* e cliccando su Set Origin;

- l'orientamento in direzione *x* o *y* selezionando un vertice, una volta definita l'origine, e cliccando su *Set X Axis* o su *Set Y Axis*;

- la scala della scena 3D in funzione della sequenza video, selezionando due *marker* impostati su due punti di distanza nota e cliccando su *Set Scale*, digitando successivamente la distanza (*Distance*). È necessario che siano definite le scale metriche nel *tab World* della finestra *Properties*;

Questo pannello è fondamentale per la ricostruzione corretta della scena 3D e del *Camera Tracking*.

Nell'ultimo pannello **Scene Setup**, vi sono due pulsanti.

Set As Background definisce come sfondo della vista camera (0 NUM) la sequenza video. Questa operazione equivale all'inserimento di un'immagine in *background* attraverso la *Properties Bar* in 3D view, dal pannello *Background Images*.

Setup Tracking Scene, invece, imposta il *Compositing* per l'inserimento degli oggetti 3D nella sequenza video (*footage*).

7.2.4. La *Properties Bar del Movie Clip Editor*

Così come nella 3D view, la *Properties Bar* fornisce le informazioni relative a tutti gli elementi presenti nell'area di lavoro del *Movie Clip Editor*, vale a dire sui *marker*, le trace, la sequenza video e la camera originale. Si attiva e disattiva con il tasto N.

fig. 485 la *Properties Bar*

377

Dispone di 14 pannelli specifici per ogni tipologia degli elementi legati alla sequenza video.

Nel pannello **Objects** è possibile visualizzare, rinominare aggiungere (pulsante +) o eliminare (pulsante X) oggetti 3D che avranno connessione con la sequenza video, ad esempio la camera.

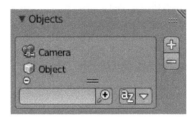

fig. 486 il pannello *Objects*

fig. 487 il pannello *Track*

Il pannello successivo **Track** fornisce le informazioni sul tracciamento dei *marker* e il loro posizionamento.

Nella parte superiore è possibile definire il nome del *marker* e il suo posizionamento fine sul fotogramma della sequenza, le opzioni di visualizzazione (visibile o invisibile, icona raffigurante un occhio) e il *lock* (icona lucchetto) che impedisce la selezione e la trasformazione.

I pulsanti *R*, *G* e *B* servono a escludere una componente di colore dal *preview*, mentre il pulsante *B/W* visualizza il fotogramma direttamente in bianco e nero.

Il cursore *Weight* (impostato a 1 di default) definisce l'influenza della traccia nel risultato finale del *tracking*.

Dal menu a tendina *Color Presets* è possibile scegliere il colore della traccia in funzione dello sfondo, mentre la spunta *Custom Color* forza la colorazione personalizzata in luogo di quella di *default*.

In caso di inserimento di una *Plane Track* che circoscriva l'ingombro massimo di almeno 4 *marker*, nel pannello **Plane Track**, si può inserire un'immagine all'interno dell'area definita dal piano (*Image*), e tracciare l'intero piano (e quindi l'immagine associata) con l'inserimento automatico di *keyframe* (*Auto Keyframe*).

fig. 488 un *Plane* inserito per 4 vertici con una immagine inserita al suo interno

Il cursore *Opacity* regola l'opacità dell'immagine.

Questo piano è utile, ad esempio per inserire una immagine di sfondo fissa nella scena (come un paesaggio o un cielo), come se fosse in un *layer* separato. Questo sfondo seguirà il tracciamento della camera, ottenendo un effetto panoramico molto realistico.

fig. 489 il pannello *Plane Track*

Nel pannello **Tracking Settings** sono contenute le stesse funzioni già incontrate e analizzate nell'omonimo pannello della *Tools Shelf*.

fig. 490 il pannello *Tracking Settings*

I pannelli **Camera** e **Lens** sono fondamentali perché raccolgono tutte le informazioni relative alla camera reale che ha ripreso la sequenza.

Tutti i parametri possono essere ricalcolati automaticamente da Blender nel pannello *Solve* della *Tools Shelf*, in modo da riconoscere la lunghezza focale, il sensore (*sensor*), il tipo di obiettivo (ottica) e la distorsione della lente (parametri *K1*, *K2* e *K3*).

fig. 491 il pannello *Camera*

fig. 492 *Camera Presets*

381

Inoltre, è disponibile una lista di *preset* (menu *Camera Presets*)di camere commerciali. Qualora la camera usata corrisponda a uno dei modelli predefiniti, questo può essere selezionato, evitando così il calcolo della simulazione per il riconoscimento.

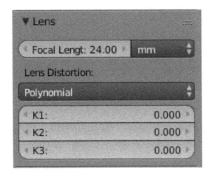

fig. 493 il pannello *Lens*

Il pannello **Display** contiene tutte le informazioni sulla visualizzazione della sequenza video.

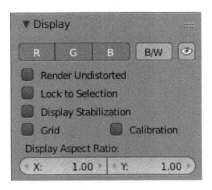

fig. 494 il pannello *Display*

Essa può essere visualizzata a colori oppure filtrate delle componenti *R*, *G* e *B*, direttamente in bianco e nero (*B/W*) o

382

addirittura non visualizzata (togliendo la spunta dell'icona raffigurante l'occhio).

Altre opzioni disponibili sono:

- *Render Undistorted*, che visualizza la sequenza non tenendo in considerazione le distorsioni dovute alla lente dell'obiettivo;

- *Lock To Selection*, che centra e mantiene la posizione dei *marker* selezionati al centro dell'area di visualizzazione, spostando la visuale dei fotogrammi della sequenza;

- *Display Stabilization*, che mostra la stabilizzazione della sequenza video nel *preview*, se attivata nel pannello dedicato;

- *Grid*, che visualizza una griglia rossa sovrapposta all'immagine, utile per l'allineamento dei *marker*;

- *Calibration*, che applica il modello di distorsione ai tratti disegnati con il *Grease Pencil*. Questa opzione consente anche di eseguire la calibrazione manuale;

- *Display Aspect ratio*, che consente di scalare l'immagine in direzione x e/o y in modo indipendente, variando l'*aspect ratio* della sequenza.

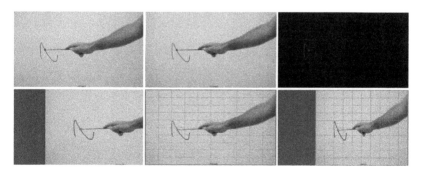

fig. 495 opzioni di visualizzazione, da sinistra verso destra e dall'alto verso il basso: visualizzazione *standard*, *bianco e nero*; spenta (si vedono solo i *marker* e le tracce); *Lock To Selection*; *Grid*; scalatura della x

383

Nel pannello successivo, **Marker Display**, sono disponibili le informazioni relative alla visualizzazione degli elementi che compongono i *marker*.

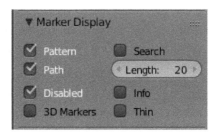

fig. 496 il pannello *Marker Display*

Di ogni *marker* selezionato può essere visualizzato:

- il *Pattern*, ossia l'area di ricerca del *pixel*;

- *la* Search Area, l'ambito di ricerca del *pixel* al fotogramma successivo;

- le informazioni sul *maker*, (*Info*), come il nome;

- il contorno tratteggiato e meno preponderante (*Thin*).

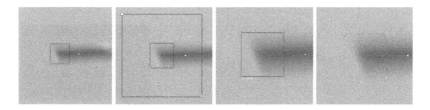

fig. 497 da sinistra verso destra: *Pattern*; *Search Area*; *Info*; *Thin*

Inoltre è possibile visualizzare:

- il *Path* e determinare la lunghezza (espressa in fotogrammi);

- i *marker* disabilitati (*Disabled*);

384

- i *3D Markers*, ovvero la proiezione sul *footage*.

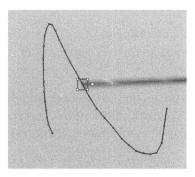

Il pannello **2D Stabilization**, se abilitato, permette di stabilizzare i movimenti di camera nella sequenza caricata e quindi il *path* dei *marker* definiti dall'area di inserimento superiore, secondo un algoritmo di influenza stabilito nel cursore *Location Influence*.

385

- La spunta *Autoscale* riscala automaticamente i fotogrammi della sequenza (*footage*) a seguito della stabilizzazione;

- *Max Scale* e *Scale Influence* regolano rispettivamente il limite massimo di scalatura e l'algoritmo di influenza ad esso dedicato;

- *Stabilize Rotation*, se attivato, consente di stabilizzare il *footage* anche per la rotazione definendo il *marker* centro di rotazione dal menu e l'algoritmo di influenza (*Rotation Influence*);

- Il menu a tendina *Filter* definisce il metodo utilizzato per la stabilizzazione (*Bilinear*, *Bicubic*, *Nearest*).

Il pannello **Proxy / Timecode**, se attivata la spunta, contiene le opzioni utilizzate per il *proxy* di immagini e i *timecode* del filmato.

Il *proxy* permette di visualizzare le immagini con una risoluzione inferiore nel Movie Clip Editor. Ciò può essere utile nel caso in cui il monitoraggio di un filmato in 4K avviene su una macchina con una quantità di RAM non eccessivamente performante.

- Le prime quattro opzioni sono utilizzate per definire le risoluzioni delle immagini con cui il *proxy* dovrebbe essere costruito. Attualmente è possibile visualizzare le immagini al 25%, 50%, 75% e 100% della dimensione dell'immagine originale. Le dimensioni del *proxy* al 100% possono essere usate per i filmati che non possono essere decodificati.

- La sezione *Build Undistorted* raccoglie dati anche di immagini originali senza distorsioni per le dimensioni fissate sopra. Questo aiuta a fornire una riproduzione più veloce di filmati non distorti. Le immagini *proxy* generato sono codificate utilizzando il formato **.jpg* e la relativa qualità del *codec* può essere definita dal cursore *Quality*.

- Per impostazione predefinita, tutte le immagini *proxy* generate sono memorizzate nella cartella *<percorso originale>/BL_proxy /<nome del clip>*, ma questa posizione può essere reimpostata manualmente, utilizzando l'opzione *Proxy Custom Directory*.

- *Use Timecode Index* è consigliabile in caso di inserimento di filmati in luogo di sequenze di fotogrammi. In sostanza, il *timecode* fa una ricerca più rapida e accurata. A seconda della fotocamera e del *codec* utilizzato, diversi *timecode* possono fornire un risultato migliore.

- *Proxy Render Size* definisce la risoluzione delle immagini *proxy* utilizzate per la visualizzazione.

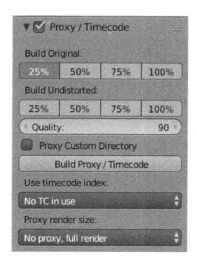

fig. 500 il pannello *Proxy / Timecode*

Nel pannello **Footage Settings** sono contenute le impostazioni relative alla sequenza caricata, ovvero, al percorso (*File Path*), al colore (*Color Space*), al fotogramma iniziale (*Star Frame*) e al *Frame Offset*.

fig. 501 il pannello *Footage Settings*

Il pannello **Footage Information** fornisce invece le informazioni relative ai *file* caricati (dimensioni, spazio colore, fotogramma corrente).

fig. 502 il pannello *Footage Information*

L'ultimo pannello, **Grease Pencil**, non differisce in alcun modo al corrispondente in 3D view e permette di disegnare direttamente sul *footage*.

7.2.5 Alcune definizioni

Concludiamo questa sezione introducendo alcune definizioni in merito alle ottiche.

Ricordiamo, ovviamente, che questo non è un corso di fotografia, al quale rimandiamo in altre sedi.

Ci limiteremo quindi a fornire alcune definizioni di base.

Lunghezza focale

Rappresenta la distanza tra il centro ottico dell'obiettivo e il piano della messa a fuoco (sensore, pellicola) misurandola generalmente in millimetri, o raramente esprimendola in centimetri o in pollici, o nel caso della *CG*, in *pixel*.

 Larghezza del Sensore

Definisce la larghezza del sensore *CCD* della fotocamera. Questo valore può essere individuato nelle specifiche tecniche della stessa.

 Proporzioni dei Pixel

Rappresentano l'aspetto dei pixel del sensore *CCD*. Questo valore può essere individuato nelle specifiche della fotocamera, ma può anche essere indovinato.

 Centro Ottico

E' il centro della lente utilizzata nella fotocamera. Nella maggior parte dei casi coincide al centro dell'immagine, ma può essere diverso in alcuni casi particolari.

 K1, K2 e K3

Sono dei coefficienti utilizzati per compensare la distorsione della lente. Attualmente, in Blender, questi valori possono essere modificati solo a mano (non ci sono ancora strumenti di calibrazione) utilizzando gli strumenti disponibili in modalità *Distortion*.

389

7.3. Video Sequence Editor

7.3.1. Introduzione

Oltre alla modellazione e all'animazione, Blender dispone di un Video Sequence Editor completamente funzionale, così come un editor a nodi avanzato che manipola anche un flusso video. I nodi del *compositing* funzionano altrettanto bene su immagini o flussi video. I nodi del *compositing* sono utili per migliorare le immagini, regolando i colori e aggiungendo in scena effetti speciali.

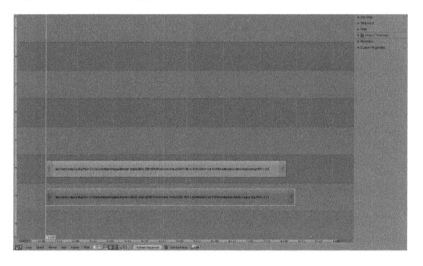

fig. 503 *Video Sequence Editor*

Il *Video Sequence Editor* è quindi un completo sistema di *editing* che consente di combinare più canali video e aggiungere effetti, dissolvenze e transizioni.

Pur disponendo di un numero più limitato di operazioni rispetto a *editor* dedicati come Premiere o Final Cut, è possibile utilizzarle per

390

combinare i video, audio, effetti, immagini, modelli 3D e le animazioni realizzate in Blender.

L'interfaccia del *Video Sequence Editor* si presenta con una *header* (in cui vengono mostrati menu con gli strumenti e le modalità di visualizzazione) e uno spazio di lavoro contenente le tracce nei canali.

L'area di lavoro del sequencer è organizzata in tracce orizzontali che rappresentano le tracce. Ogni traccia è inserita in un canale numerato sul lato sinistro, a partire da 0.

Le tracce (*stripes*) presenti nella la zona superiore sono dominanti rispetto a quelle inferiori.

Lungo le ascisse, sono visualizzati i secondi di animazione o i *frame* (è possibile scegliere il formato digitando CTRL + T), mentre il trascinamento della sequenza (avviabile con ALT + A) è visualizzabile con la posizione di un cursore verticale verde, nel quale, alla base sono riportati il *frame* corrente e il tempo (in secondi), nel formato *sec+frame*.

Per esportare il filmato missato è sufficiente cliccare sul pulsante *Render Animation* nel *tab Render* della finestra *Properties*.

Ovviamente è possibile navigare all'interno dell'area in cui sono rappresentate le tracce, traslando o scalando la vista in orizzontale o in verticale e spostando il cursore.

Nello specifico:

- WM: effettua uno *zoom* in orizzontale;

- MMB (o SHIFT + MMB): effettua un *panning* libero;

- CTRL + MMB: effettua uno *zoom* libero;

- SHIFT + WM: effettua uno *scrolling* verticale;

- CTRL + WM: effettua uno *scrolling* orizzontale;

- ALT + WM: effettua un *grab* fine del cursore;

- ALT + A: avvia o ferma l'animazione.

7.3.2. La *header* del *Video Sequence Editor*

Nella *header* cono contenuti tutti gli strumenti necessari per il *videoediting*. Come per le altre finestre, è suddivisa in menu e pulsanti.

fig. 504 la *header* del *Video Sequence Editor*

Nei primi due menu (**View** e **Select**) sono presenti tutti gli strumenti utili rispettivamente per la visualizzazione e la selezione degli oggetti, identici a quelli definiti nelle altre *header*.

fig. 505 il menu *Marker*

392

Gli strumenti del menu **Marker** consentono l'inserimento e la gestione di marcatori (o *marker*), utili per definire degli eventi specifici nel tempo. Tali *marker*, sia nella *Timeline*, sia nel *Video Sequence Editor*, sono rappresentati da triangolini gialli e con un indice, definito dalla sintassi *F_numero-del-frame*.

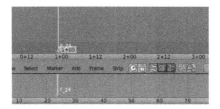

fig. 506 un *marker* al fotogramma 24 (F_24)

- *Add Marker* (tasto M) inserisce un *marker* nella posizione corrente dell'animazione;

- *Duplicate Marker* (SHIFT + D) duplica il *marker* selezionato e posiziona la copia al fotogramma definito con LMB;

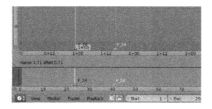

fig. 507 duplicazione di un *marker*

- *Duplicate Marker To Scene* duplica il marker selezionato in una scena definita tra quelle presenti nel menu;

- *Delete Marker* (X) elimina il *marker* selezionato;

- *Rename Marker* (CTRL + M) rinomina il *marker* selezionato;

- *Grab/Move Marker* sposta il *marker* selezionato in un nuovo fotogramma;

- *Jump to Next Marker* seleziona il *marker* successivo a quello selezionato;

- *Jump to Previous Marker* seleziona il *marker* precedente a quello selezionato;

- la spunta *Lock Markers* blocca i *marker* selezionati, impedendo ogni possibilità di modifica o spostamento.

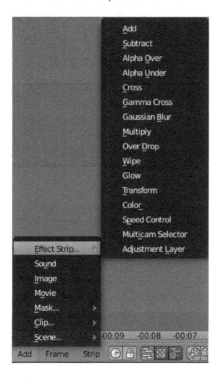

fig. 508 il menu *Add*

Add (o la shortcut SHIFT + A) rappresenta probabilmente il menu principale del *Video Sequence Editor*. Esso viene utilizzato per aggiungere contenuti audio o video, ma anche effetti speciali, transizioni o immagini. Ogni evento inserito è definito da un colore specifico e nel dettaglio:

394

- un filmato (*Movie*), preferibilmente in formato *.avi* o *.mov*, definito da una traccia (*strip*) blu;

- un'immagine fissa (o una sequenza di immagini) in formato *.jpg*, *.png*, *.bpm*, *.tga* etc., definita da una traccia di colore viola. Le immagini sono rappresentate in automatico da tracce lunghe 50 *frame* (2 secondi a 25 *fps*);

- un *file* audio in formato *.wav*, *.mp3*, *.aif*, etc., definito da una traccia di colore verde turchese;

- una scena renderizzata del file corrente in formato *.blend*, definita da una traccia di colore verde chiaro;

- una transizione o un effetto, definiti da una traccia di colore **variabile**.

Inoltre, è possibile inserire una maschera o una *clip*.

Le copie delle tracce sono invece visualizzate in colore grigio.

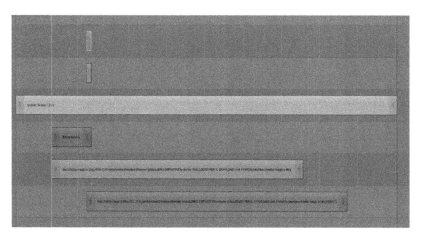

fig. 509 differenti tipi di tracce

Utilizzo di effetti e transizioni

Sono disponibili due categorie di effetti: *Built-in* e *Plug-in* (*file* disponibili in una *Plug-in Sequence Directory* che vengono caricati in quanto necessario). Gli effetti incorporati sono elencati nel sottomenu *Effect Strip*.

Per aggiungere una traccia effetto, è sufficiente selezionare una traccia di base (immagine, filmato o scena) cliccando su essa con LBM. Per alcuni effetti, come l'effetto di transizione *Cross*, ad esempio, devono essere selezionate due tracce sequenziali digitando SHIFT + LMB, poi, scelto l'effetto desiderato dal menu a comparsa. La traccia effetto sarà inserita in un canale in alto rispetto alle tracce selezionate.

Per tutti gli altri effetti, la durata sarà pari a quella della traccia su cui sono applicati. Ciò significa che le tracce effetti non possono essere spostate, ma sono influenzate dalla traccia d'origine.

Infine, con alcuni effetti, come *AlphaOver*, l'ordine in cui si selezionano le strisce è estremamente importante.

fig. 510 l'effetto di transizione *Cross* fra due filmati

Il menu **Frame** dispone di sole due voci: *Set Preview Range* (P), che definisce il *range* fra due *frame* entro i quali deve essere impostato il *playback*; e *Clear Preview Range* (ALT + P), che annulla l'operazione precedente.

fig. 511 il menu *Frame*

Il menu **Strips** contiene tutti gli strumenti inerenti le tracce.

fig. 512 il menu *Strip*

- *Grab/Move* (G) sposta le tracce selezionate;

- *Grab/Extend from Frame* (E) effettua uno stiramento della traccia a partire dal fotogramma selezionato. L'estensione genera un segmento della traccia di colore grigio;

fig. 513 *Grab/Extend from Frame*

- *Insert Gaps* (SHIFT + =) e *Remove Gaps* (BACKSPACE) inseriscono o rimuovono rispettivamente un intervallo nella traccia in posizione del fotogramma;

- *Cut at Frame* (K) effettua una separazione della traccia alla posizione del *frame*, producendo due segmenti indipendenti;

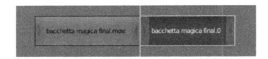

fig. 514 *Cut at Frame*

- *Slip Strip Contents* (S) trasla il contenuto all'interno di una traccia;

fig. 515 *Slip Strip Contents*

- *Separate Images* (Y), in una traccia composta da una sequenza di immagini, separa le immagini in altrettante tracce consecutive;

- *Clear Strip Offset* (ALT + O) elimina il divario tra le tracce tra i fotogramma iniziale e quello finale;

- *Deinterlace Movies* deinterlaccia il filmato;

- *Rebuild Proxy and Timecode Indices* rigenera i *proxy* e i *timecode* della sequenza;

- *Duplicate Strip* (SHIFT + D) duplica una traccia selezionata;

- *Erase Strips* (X) elimina le tracce selezionate;

- *Set Render Size* riproporziona le dimensioni della scena renderizzata in funzione delle dimensioni della sequenza attiva;

- *Make Meta Strip* (CTRL + G) raggruppa in una *meta strip* le tracce selezionate;

fig. 516 una *meta strip*

- *UnMeta Strip* (ALT + G) scompatta la *meta strip* e ripristina le tracce separate originali;

- *Reload Strip* (ALT + R) ricarica i dati nelle tracce selezionate;

- *Reload Strip and Adjust Length* (SHIFT + ALT + R) ricarica i dati nelle tracce selezionate e ripristina la lunghezza originale;

- *Reassign Inputs* (R) riassegna l'effetto nella traccia effetti;

- *Swap Inputs* (ALT + S) scambia i primi due *input* nella traccia effetto;

- *Lock Strips* (SHIFT + L) blocca le tracce selezionate impedendone le modifiche e gli spostamenti;

- *Unlock Strips* (SHIFT + ALT + L) sblocca le tracce selezionate precedentemente bloccate favorendo le modifiche e gli spostamenti;

- *Mute Strips* (H) mette in muto le tracce selezionate impedendone il *playback*;

- *UnMute Strips* (ALT + H) rimuove la condizione di muto delle tracce selezionate;

- *Mute Deselected Strips* (SHIFT + H) mette in muto tutte le tracce non selezionate;

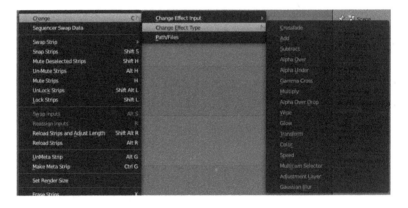

fig. 517 il sottomenu *Change*

- *Snap Strips* (SHIFT + S) sposta le tracce selezionate in modo che il loro inizio si agganci al *frame* in cui si trova il cursore;

- *Swap Strips* scambia le posizioni fra due tracce consecutive;

- *Swap Sequencer Strips* scambia la posizione di due tracce sequenze;

- *Change* apre un sottomenu in cui definire di modificare:

400

- l'*input* degli effetti;

- il tipo di *effetto*;

- il percorso dei *file* (*Path/Files*).

I successivi due pulsanti della *header* determinano il comportamento del cursore rispetto ai *frame* iniziale e finale della sequenza.

fig. 518 I pulsanti comportamento cursore

Il primo, la cui icona raffigura un orologio, consente di utilizzare un *range* alternativo di inizio e fine sequenza;

Il secondo, raffigurante un lucchetto, impedisce al cursore di oltrepassare il fotogramma finale della sequenza.

fig. 519 I tre pulsanti *Type of Sequence View*

I 3 pulsanti *Type of Sequence View*, ottimizzano l'ambiente di lavoro secondo tre viste predefinite:

- *Sequencer*, la configurazione di *default*, la cui icona rappresenta delle tracce, in cui vengono visualizzati i canali e le tracce;

- *Image Preview*, la cui icona rappresenta una griglia a scacchi bianchi e rossi, in cui l'interfaccia si presenta con la *preview* del videoclip della sequenza;

- *Sequencer And Image Preview*, la cui icona raffigura il *mix* delle precedenti, raddoppia la finestra centrale e consente il controllo contemporaneo sia delle tracce sia della *preview*.

fig. 520 le tre viste predefinite, dall'alto verso il basso: *Sequencer, Image Preview, Sequencer and Image preview*

402

Attivando le viste *Image Preview* o *Sequencer and Image Preview*, si attivano 4 pulsanti utili per il monitoraggio del flusso dei colori.

fig. 521 *Viewing of Mode of Display Sequencer Output*

- Il primo, raffigurante una griglia a scacchi bianchi e rossi, visualizza la *preview* della sequenza in modo normale;

fig. 522 *preview* normale

- Il secondo visualizza un grafico della forma d'onda della luminanza (*Luma Waveform*;

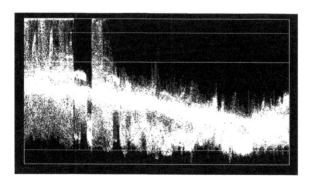

fig. 523 *preview Luma Waveform*

- Il terzo (*Chroma Vectorscope*) visualizza un grafico in cui in un vettorscopio, si definisce la gamma cromatica media della sequenza;

fig. 524 *preview Chroma Vectorscope*

- Il quarto e ultimo visualizza l'istogramma (*Histogram*).

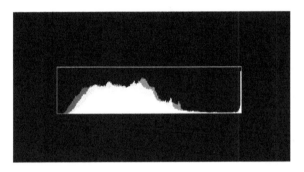

fig. 525 *preview Histogram*

Il pulsante *Refresh Sequencer* pulisce e aggiorna il *Sequence Editor*.

I due pulsanti successivi visualizzano nella *preview* rispettivamente i canali colore e trasparenza (*Color and Alpha*) e solo colore (*Color*).

Channel definisce il numero del canale in cui tutte le tracce devono essere combinate. Il canale 0 è il canale di *default*.

L'icona con il fantasmino (*Partial Overlay on Top of the Sequencer*) consente di inserire una copertura parziale in cima alla sequenza e alla *preview*.

Le ultime due icone, raffiguranti una macchina fotografica e un *ciack*, avviano il *rendering* del fermo immagine al fotogramma corrente o di tutta la *clip*.

7.3.3. La *Properties bar* del *Video Sequence Editor*

Concludiamo la trattazione sul *Video Sequence Editor* evidenziando le funzionalità della *Properties Bar* dedicata, in cui sono contenute tutte le informazioni e le impostazioni delle tracce, dei filtri, delle maschere presenti nel progetto *sequencer* attivo.

La *Properties Bar* dispone di 5 pannelli.

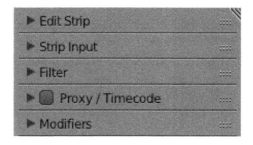

fig. 526 I pannelli della *Properties Bar*

Nel pannello **Edit Strip** sono contenute le informazioni e le proprietà specifiche delle tracce selezionate.

Nella casella di testo *Nome* è possibile assegnare un nome o rinominare le tracce.

Type (non modificabile) visualizza il tipo di traccia selezionata.

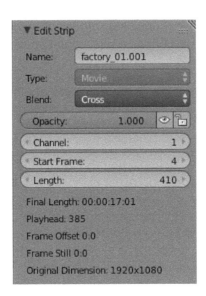

fig. 527 il pannello *Edit Strip*

Il menu *Blend* definisce il tipo di transizione fra tracce, scelto dalle opzioni del menu: *Replace, Cross, Add, Subtract, Alpha Over, Alpha Under, Gamma Cross, Multiply* e *Over Drop.*

fig. 528 il menu *Blend*

Per impostazione predefinita, la traccia nel canale più elevato sovrasta tutte le immagini, le *clip*, le animazioni e le scene 3D nei canali inferiori. Definendo differenti transizioni, è possibile effettuare per passaggi personalizzati tra una traccia e le altre.

- *Opacity* imposta l'opacità del contenuto della traccia.

- Il pulsante con l'occhio nasconde il contenuto della traccia in modo che essa non venga renderizzata nel *mix* finale.

- Il lucchetto impedisce alla traccia di essere spostata o modificata.

- *Channel* cambia il numero di canale di una traccia.

- *Start Frame* cambia il numero di fotogramma iniziale della traccia,

- *Length* specifica il numero di fotogrammi di cui è composta la traccia.

Altre informazioni sul formato, la dimensione e la definizione sono descritte in calce al pannello.

I parametri contenuti nel pannello **Strip Input** controllano la fonte originale della traccia selezionata. I campi includono:

- il percorso del file (*Path*);

- lo spazio colore con cui viene visualizzato il contenuto della tracia (*Input Color Space*);

- il numero dei *frame* da precaricare per i formati *MPEG* (*MPEG Preseek*);

- il numero degli indici da inserire in tracce che contengono differenti flussi video (*Stream Index*);

- la possibilità di traslare in direzione *x* o *y* il contenuto di una traccia, attivando *Image Offset*;

- la possibilità di ritagliare il contenuto di una traccia sui 4 lati (*Top, Bottom, Left, Right*), attivando *Image Crop*;

- il *trim* (slittamento) del contenuto della traccia dall'inizio e dalla fine della traccia (*Trim Duration*).

fig. 530 il pannello *Strip Input*

I parametri nel pannello **Filter** Consentono di impostare rapidamente sull'immagine o sulla sequenza le più comuni opzioni di pre-elaborazione.

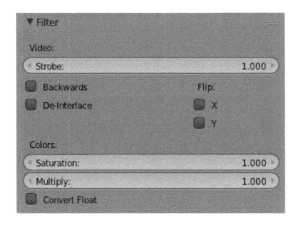

fig. 530 il pannello *Filter*

- *Strobe* visualizza esclusivamente i fotogrammi definiti nel cursore;

- *Flip* ribalta l'immagine in direzione *X* e/o *Y*, se spuntati;

- Backwards, se spuntato, Inverte la sequenza delle immagini della traccia;

- *De-Interlace* esegue il deinterlacciamento fra i fotogrammi (operazione consigliata);

- *Saturation* aumenta o diminuisce la saturazione di un'immagine:

- *Multiply* moltiplica i colori del valore impostato nel campo;

- *Convert Float* converte i dati in ingresso per evidenziare i dati.

Il pannello **Proxy / Timecode** ripropone le stesse impostazioni già analizzate in precedenza, che, per brevità, eviteremo di ribadire.

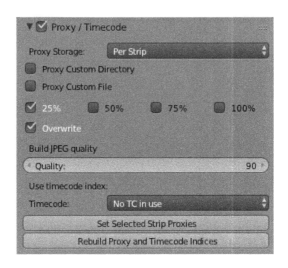

fig. 531 il pannello *Proxy / Timecode*

Nel pannello **Scene Preview/Render** sono presenti alcune impostazioni relative alla pre visualizzazione della sequenza e del *render* finale.

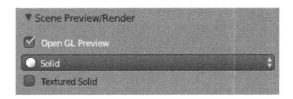

fig. 532 il pannello *Scene Preview/Render*

- Spuntando *OpenGL Preview* si attiva la visualizzazione in *OpenGL*;

- Il menu *Sequencer preview Shading* definisce la visualizzazione delle tracce;

- La spunta *Textured Solid* rappresenta la *texturizzazione* se definita la precedente opzione *Solid*.

fig. 533 il pannello *View Settings*

Nel pannello **View Settings** sono disponibili due voci:

- *Show Overexposed*, che consente di impostare una sovraesposizione dell'immagine;

fig. 534 sovraesposizione dell'immagine

- Il menu *Proxy render Size* definisce le dimensioni di visualizzazione della sequenza in percentuale, rispetto al *rendering*.

Il pannello **Safe Areas** salvaguarda, se spuntato, i bordi estremi dell'immagine, specificando il formato della camera nel menu

Camera Preset (da 14/9 a 16/9; 16/9; da 4/3 a 16/9); il margine di ritaglio di sicurezza in x e in y, espresso in *pixel* (*Tile Safe Margins*) specifica per testi ed elementi grafici, oppure, spuntando *Center Cut Safe Area*, definendo i margini in un rettangolo dal centro dell'immagine.

In alternativa è possibile specificare la *Safe Area* per tutti gli elementi in generale (*Action Safe Margin*) specificando i margini rispetto a x e a y.

fig. 535 il pannello *Safe Areas*

Questi margini verranno rappresentati da rettangoli tratteggiati all'interno della finestra di *preview*.

fig. 536 *Safe Area Margin* nella *preview*

412

L'ultimo pannello, **Modifiers** è dedicato alla correzione dell'immagine.

Selezionando una traccia, è possibile aggiungere uno o più modificatori in cascata disponibili fra quelli previsti nel menu *Add Strip Modifier*.

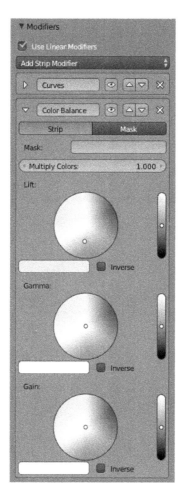

fig. 537 il pannello *Modifiers* con due modificatori in cascata assegnati alla traccia selezionata

413

Con questi strumenti è possibile correggere il colore, il contrasto, la luminosità e aggiungere maschere alle immagini contenute nelle tracce.

fig. 538 risultato della correzione dell'immagine attraverso i modificatori *Curves* e *Color Balance*

L'ultimo pannello, **Grease pencil**, contiene le impostazioni sui *grease pencil*, analoghe e già definite in altri editor.

8
PER CONCLUDERE

8.1. Conclusioni e ringraziamenti

Che dire? È stato davvero impegnativo, ma la gioia per aver finalmente concluso l'opera dei miei sogni è incommensurabile.

Come avevo detto nelle prime pagine del primo volume: "il libro sul quale io per primo avrei voluto studiare questo fantastico programma"...

Desidero ringraziare tutti quanti coloro hanno contribuito alla realizzazione di questo ultimo volume di **Blender - la guida definitiva**, la mia famiglia, ai collaboratori, agli amici che mi hanno supportato e consigliato, quali, tra tutti, Francesco Andresciani (che ringrazio sempre per i suoi consigli e il suo prezioso aiuto, nonché per la fantastica immagine in copertina di questo volume); Massimiliano Zeuli (per la consulenza nozionistica in ambiente video e per le riprese video di alcuni esercizi sul *Camera Tracking*), il 3D *artist* Oliver Villar Diz, ideatore del sito www.blendtuts.com; lo staff di *Blender Italia*, nostro sponsor ufficiale, rappresentato da Alessandro Passariello, Dario Caffoni e Alfonso Annarumma; ovviamente tutta la *Blender Community* e la *Blender Foundation*, che ringrazio per il "prestito" della fabbrica abbandonata e di alcune immagini ufficiali; le persone che seguono me e il sito www.blenderhighschool.it, nonché tutti i miei editori di *Area 51 Editore* che hanno creduto in questo progetto: Simone, Valentina e Silvia.

Desidero dedicare a tutti loro il successo di quest'opera.

Grazie.

Andrea

8.2. Bibliografia di supporto

Per la stesura di questo primo volume sono state consultate le seguenti fonti cartacee e digitali:

- Francesco Siddi - Grafica 3D con Blender - Apogeo 2015

- Oliver Villar Diz - Learning Blender - Addison Wesley 2015

- Andrea Coppola / Francesco Andresciani - Blender - Area 51 Publishing 2013-2015

- Francesco Andresciani - Blender: le basi per tutti - Area 51 Publishing 2014

- Gabriele Falco - Blender 2.7 Grafica e Animazione 3D - 2014

- Gordon Fisher - Blender 3D Basics - PACKT Publishing 2014

- John M. Blain - Blender Graphincs Computer Modeling & Animation - CRC Press 2012

- Ben Simonds - Blender Master Class - 2012

- Andrea Coppola - Blender Videocorso (modulo base e intermedio) - Area 51 Publishing - 2014-2015

- Andrew Price – Pro Lighting: Skies – 2015

- Jonathan Lampel (Blender HD);

- David Allen Ward videotutorials;

- Francesco Milanese – Blender per la Stampa 3d – 2014;

- Francesco Milanese – Tecniche di Compositing e Camera Tracking in Blender 3D - Udemy – 2013.

- Track, Match, Blend 2 – Blender Cloud

Sono inoltre stati consultati i seguenti siti internet:

www.blender.org (Cloud)

www.blenderguru.com

www. blendtuts.com

www.francescomilanese.com

www.blenderclick.it

www.blender.it

cgcookie.com/blender

www.blenderhighschool.it

http://blenderaddonlist.blogspot.it

8.3. Nota sull'Autore

Andrea Coppola, classe '71, è un professionista poliedrico: architetto, *designer*, 3D *artist* e costruttore (e parecchi anni fa anche musicista arrangiatore e produttore).

Vive dividendosi tra Roma (dove si occupa di architettura di interni e design e di training) e il Kenya (dove ha progettato e realizzato cinque residence di ville a Watamu: (consultabili sul sito www.lamiacasainkenya.com). In Kenya è anche socio fondatore della società di costruzioni Hendon Properties Ltd.

Titolare e fondatore dello studio di architettura di Roma L.A.A.R. (www.laboratoriodiarchitettura.info), ha lavorato e lavora tuttora come progettista di interni e designer (avendo progettato, tra l'altro, i due modelli di cucina "Nairobi" e "Skin" per Reval Cucine s.r.l. e la sedia "Cra Cra" per Art Leather).

Ha inoltre lavorato come coordinatore per la sicurezza nei cantieri edili (C.S.E.) e come assistente universitario presso la facoltà di Architettura di Roma "La Sapienza", insegnando in alcuni master.

Appassionato di computer grafica e in particolare di Blender, tiene regolarmente corsi, attraverso il sito www.blenderhighschool.it, uno dei principali riferimenti italiani di Blender e partner ufficiale di Blender Italia (www.blender.it). In questo sito, connesso con www.blenderclick.it (gestito con Francesco Andresciani), l'Autore cerca di dare il personale contributo alla causa di Blender, grazie alla sua versatilità, offrendo tutorial, trucchi, libri e prodotti gratuiti e/o a pagamento, oltre a servizi di modellazione e *rendering*.

Come consulente ha realizzato dei cataloghi per aziende di cucine (insieme ad Alan Zirpoli) e per la Mars Society di Bergamo, un progetto interattivo utilizzando le reali mappe del pianeta rosso fornite dalla NASA (con Francesco Andresciani).

Oltre a questa opera, ha pubblicato 8 *e-book* su Blender, 1 sulla stampa 3D, 10 videocorsi, una Academy a tema (Thematic Academy) su Blender; 3 *e-book* su Autocad; 1 corso di fonia e 1 *thriller* ("L'Altra Specie"), tutti editi da Area 51 Editore di Bologna (www.area51editore.com).

Per contatti:
andreacoppola71@gmail.com
www.blenderhighschool.it

www.ingramcontent.com/pod-product-compliance
Lightning Source LLC
Chambersburg PA
CBHW071543080326
40689CB00061B/1676